Der Realismus und das Europäertum

Fröhliche Wissenschaft 144

Hugo Fischer

Der Realismus und das Europäertum

Herausgegeben und kommentiert
von Steffen Dietzsch und Miloš Havelka

Matthes & Seitz Berlin

Inhalt

Der Realismus und das Europäertum   7

I. Was heißt »Realismus«?   9
1. Physiognomik des Realisten   9
2. Der Realist als Europäer   14
    a. Allgemein   14
    b. Beispiele realistischer Europäer   17
    c. Formel des *realistischen Europäertypus*   21

II. Die Lebenssphären, in denen der Realist Europäer ist   25
1. Europa als Lebensinhalt einer »Durchbruchsgeneration«   25
2. Die Idee des europäischen »Bundes«   28
    a. Ursprung und Aufgabe des Bundes von der Religion her gesehen   28
    b. Der Bund in der politisch-geschichtlichen Gegenwart   34
       α. Geschichtliche Ansätze zu einem Bund   36
       β. Grundsätzliches über die gesellschaftlich-politische Struktur des »Bundes«   56
3. Die Europäistik als neue Wissenschaft   79

Briefe
1. Hugo Fischer an
   Tomáš Garrigue Masaryk
   vom 23. Mai 1928   89
2. Hugo Fischer an
   Tomáš Garrigue Masaryk
   vom 16. Juni 1928   92

Anhang

Nachwort der Herausgeber   98
Textgrundlage und Dank   136
Anmerkungen   138

Der Realismus und das Europäertum
(In Beziehung auf die Gedankenwelt
und Weltanschauung Masaryks[1])

»*Derjenige aber wird weniger irren und das Glück
für sich haben, der, wie gesagt,
in seiner Handlungsweise mit der Zeit
übereinstimmt und jederzeit gemäß dem verfährt,
wozu die Natur der Dinge ihn zwingt.*«
Machiavelli, *Discorsi*[2]

Der Europäer ist notwendig Realist, und der Realist ist notwendig Europäer; beide Notwendigkeiten sind verschiedener Art. Zwischen beiden Notwendigkeiten besteht zugleich ein wesentlicher Zusammenhang. Der Europäer ist auf Grund seines geschichtlich gewordenen Charakters, seines charakteristischen Verhältnisses zu Gott und Welt Realist, und er unterscheidet sich durch seinen Realismus schon seit den Vorsokratikern vom Asiaten. Wenn wir Gegenwärtigen in Tun und Denken unseren Instinkten treu bleiben, sind wir Realisten, und wenn wir realistisch vorgehen, nehmen wir ungesucht einen europäischen Standpunkt ein.

Daß der Realist Europäer ist, ist eine ganz aktuelle These. Im Grunde haben wir eine einzige notwendige geschlossene Haltung vor uns. Der Realist ist weder Chauvinist noch Paneuropäer, er ist schlechtweg Europäer, ohne Zusatz, ohne Betonung, ohne Ausschmückung, auch ohne Märtyrertum und ohne Vorwurf. Es ist nicht gesagt, daß das Nächstliegende auch ohne Voraussetzung und rasch erreicht wird. Nur der gesunde und schöpferische Mensch hat das Nächstliegende mühelos zur Hand.

Als Leitsätze stellen wir den folgenden Untersuchungen voran: Der Europäer ist Realist. Der aktuelle Realist ist Europäer. Dieses Europäisch-Sein des gegenwärtigen Realisten ist abzugrenzen: gegen das Europäisch-Sein-Wollen von Nichtrealisten oder von vermeintlichen Realisten (»Realpolitikern«[3], Positivisten) und gegen das Europäisch-Sein früherer Epochen, vor allem der Epoche des »Gleichgewichtssystems«.

I. Was heißt »Realismus«?

1. Physiognomik des Realisten

Der aktuelle Realismus unserer Tage läßt sich nicht – zum mindesten noch nicht – systematisch kennzeichnen; es ist nur eine Ortsbestimmung möglich; und das Koordinatensystem, dessen diese Ortsbestimmung bedarf, kann nur provisorisch, nur mit dem Vorbehalt entworfen werden, daß das theoretische Gerüst in dem Moment, in dem es seinen Zweck der Verständlichmachung erfüllt bat, abgebrochen wird.

Der Realist ist weder Sklave noch Herr der »Gegebenheiten«, er schmiegt sich nicht an und er vergewaltigt auch nicht.

Die gegenwärtige Wirklichkeit hat eigne innere Maßstäbe, nach denen sie gemessen werden will. Sie ist unbelehrbar und wandelbar zugleich. Um vieles steht es faul. Will man dem Verdorbenen und Verkommenen ins Gewissen reden, so hat man nur Erfolg, wenn man die Sprache seiner Zeit spricht; der Anruf zündet nur, wenn man die Sphäre des Angerufenen für voll nimmt und nicht die »Modernität«, die nicht mehr zu ändern ist, in

Bausch und Bogen anklagt. Bloße Vordergrundsphänomene stellt der Realist nicht mit in Rechnung. Jedenfalls versteht er es, ob er es abzuwarten, ob er es mit dauernden Mächten zu tun hat.

Viele Dinge lassen sich nicht ändern. Entweder sie sind schon perfekt und strahlen ihre Wirkung aus; oder sie sind *noch* übermächtig; oder sie setzen sich weiterhin durch, obgleich anderes dominiert. Der Realist dient nicht dem, was mächtig ist, weil es Macht hat. Er ist weder ziellos, noch läßt er sich in seiner Zielgebung von der Kräfteverteilung im jeweiligen Milieu bestimmen. Sich selbst findet er vor als ein Wesen, das mit einem Stück Welt verwachsen ist. Von einer engeren Landschaft, seiner Heimat, geht er aus. Diese Heimat; wie sie ihm vertraut ist, ist ein Ganzes, Kompaktes; und aus ihr, so wie sie mit allen inneren Widerständen, Unebenheiten durchaus sie selbst ist, will etwas werden. Das Ziel ist das Ziel für *diese* und keine andere Wirklichkeit; und der Realist erfaßt das Ziel in einem bestimmten Brennpunkt. In einer bestimmten Landschaft, um beim Bilde zu bleiben, gibt es bestimmte Formationen und nur bestimmte Möglichkeiten, Wege zu erschließen. Das Ziel kann *nur* ein solches sein, daß *in dieser Wirklichkeit* erschließbare und auszubahnende Wege darauf hinführen. Der Realist geht durch die Schwierigkeiten, und er achtet sie als Wegstrecken zum

Ziel. Der Zweck heiligt nicht die Mittel, sondern die Mittel integrieren den Zweck. Das »Wozu« ist das Wozu dieses ganzen, auch mit unaufheblichen Widerlichkeiten und Unzulänglichkeiten durchsetzten Lebens.

Der Realist ist kein Parteigänger. Die gegenwärtig herrschenden Parteien mit ihren meist schon seit der Vorkriegszeit entwickelten Riesenapparaten sind allerdings Kräfte, mit denen er rechnet. Der Angehörige einer Partei sieht die Dinge nicht mit eigenen Augen; er beurteilt sie und faßt sie an, wie ihm das die Parteigesinnung und die Parteiprinzipien, die aus anderen geschichtlichen Situationen stammen, vorschreiben. Die Verhältnisse selbst sind nach dem Weltkrieg noch nicht so gereift, daß sich *angemessene* feste Urteils- und Werthaltungen von Parteien bilden können. Was nicht in sich stabil ist, dazu kann man sich auch nicht stabil verhalten. Massenparteien brauchen ein dem Durchschnitt verständliches Leitbild; die *elementare* Formulierung ist stets erst das Ende, der letzte Niederschlag einer Entwicklung, deren Stufen und Formen einem bereits in Fleisch und Blut übergegangen sind. Die »elementaren« Grundsätze, die *jetzt* dem »gesunden Menschenverstand« eines Mitgliedes einer nationalistischen, kapitalistischen, konservativen, christlichen, sozialistischen Partei einleuchten, sind das Ergebnis *abgetaner* Entwicklungen und haben den Wert von Fiktionen, die man für den augenblicklichen Vorteil benützt. Der Realist bereitet dem gegenwärtigen Regime, das in allen europäischen Staaten provisorisch ist,[4] weder grundsätzlich Opposition, noch bejaht er mechanisch und bedientenmäßig alles, was getan wird, weil es verfassungsmäßig getan wird. Innen- und Außenpolitik hängen strukturell zusammen. Wir sind erst auf der Suche nach einer Idee einer gerechten und stabilen Einzelstaatsverfassung, die den Rechtsansprüchen aller Gesellschaftsschichten, deren Stunde geschlagen hat, entspricht, und im Zusammenhang damit nach einer Idee einer europäischen Staatsordnung, die dem mittelalterlichen dualistischen Universalismus und dem barocken »Konzert der Mächte« zeitentsprechend nachfolgt. Der Realist konzipiert die Idee nicht vor der Wirklichkeit, er konzipiert sie als eine solche, *auf die die Triebe*, die in der Wirklichkeit mächtig sind – die religiösen, wirtschaftlichen, nationalen, rassenmäßigen Triebe und Instinkte –, in ihrem Zusammenhang, ihrem Sichhemmen und ihrem Widerspiel *hinführen*. Der Realist gibt sich nicht den Trieben hin, weder dem Chauvinismus noch dem Klassenhaß, er wartet nur ab, bis er in dem Getriebe das Ziel, auf das hin alle Linien zusammenlaufen, bestimmter sichtet. Zum Realismus gehört gegenwärtig wesentlich die *Zurück*haltung in der konkreten Bestimmung des Ziels. Durch voreilige Festlegung werden Idee und Ziel selbst verdorben. Nur in steter Fühlungnahme mit dem aktuellen Geschehen kann das Ziel bestimmt werden. Der Weg führt *reduktiv* von dem, was vorgeht, zu dem, worauf es hinführt. Dem Realisten wohnt ein Glaube inne: daß diese unsere Wirklichkeit nach Krieg und »Weltrevolution« auf etwas Vernünftiges hinausläuft – und dieser Glaube ist schöpferisch. Er durchdringt die triebbestimmte Wirklichkeit und ist als sinnsuchender immer gegenwärtig.

Insofern es dem Realismus um ein Ziel zu tun ist, ist er zugleich »Perspektivismus«. Mit Relativismus hat er nichts zu tun. Der Perspektivismus bezieht die volle Wirklichkeit ein, ohne an ihr im einzelnen haften zu bleiben. Demjenigen, der nach dem Ziele visiert, gibt der Widerstand einen Anhalt; er ermöglicht ihm, die Richtung immer erdennah zu verfolgen. Das Erkennen und Handeln hat Erdenschwere und zugleich etwas Freischwebendes. Das Ziel *ist* nicht fest, sondern es festigt sich vor dem Auge, das schöpferisch das Ziel in die Welt hineinsieht; das Ziel wächst entgegen und nimmt immer konkretere Gestalt an. Derjenige, der in diesem Wachstum steht, kann sich der Fülle der Erscheinungen überlassen, ohne daß er sich und anderen in jedem Augenblicke sklavisch über sein Ziel und Programm Rechenschaft ablegt. Jeden Augenblick besteht für den Realisten die Möglichkeit, sich auszuweisen, die Beziehung zwischen tatsächlichem Tun und Ziel ausdrücklich herauszustellen. Er entzieht sich aber nicht selbst (wie der »Prinzipienreiter«) die Beweglichkeit und Ergiebigkeit des Visierens. Er hält sich das Ziel nicht dauernd vor, sondern die Ereignisse tragen ihn zugleich mit, er *lebt* im Ziel, hat das Vertrauen zu sich und braucht sich dieses Vertrauen nicht zu beweisen. Geistige Lebendigkeit und ruhige Sicherheit sind vereint; fremde Standpunkte werden verstanden als Haltepunkte einer möglichen Perspektive. Der Realist hat keine Furcht, in einer vielformigen Wirklichkeit sein Ziel aus dem Auge zu verlieren, sein Zielwille hat selbst tausend Wurzeln in tausend Triebkräften.

2. Der Realist als Europäer

a. *Allgemein*

Die These: »der Realist ist Europäer« besagt nicht, daß der Nichtrealist kein Europäer ist. Der Realist hat die Kerneigenschaft des Europäers, von der andere Eigenschaften ausstrahlen, er bewegt sich in der Mitte des Europäischen. Der Nichtrealist hat nur periphere oder ausgestrahlte Eigenschaften des Europäers, beispielsweise der »Paneuropäer« oder der »Weltbürger«, und auf der Gegenseite der »Nationalist«.

Der Paneuropäer ist ein politischer Schwärmer, und politische Schwärmerei, Utopismus, ist schon seit der griechischen Antike eine typische *Teil*eigenschaft des Europäers. Die Sehnsucht verläßt den Kreis der elenden und niedrigen Wirklichkeit. Schon der Panhellene, der in jedem Stadtstaat gleichweise zu Hause sein will, ist Schwärmer dieses Stils. Philipp und Alexander den Großen, den realistischen Griechen, der in einer konkreten Perspektive Grieche ist – indem er seine Stammeszugehörigkeit in stetem Tun übergreift – den fruchtbaren Politiker, der seinen makedonischen Machttrieb mit seinem Hellenentum vermählt und die Situation ausschöpft, kann und will der Schwärmer nicht anerkennen (anders Aristoteles).

Anderseits der Nationalist, wie er in jedem europäischen Lande zu Hause ist, hat die Teileigenschaft des christlich-europäischen Moralisten in sich großgezogen. Die christlich-eschatologische Gleichheitsidee und der zugehörige Absolutheitsfanatismus haben sich säkularisiert und verengt: Nicht vor dem Gott der christlich gesinnten Bevölkerungsmassen, sondern als Angehörige einer Nation sind wir alle gleich und gleichviel wert; diejenigen zweitens, die nicht von unserer Nationalität sind, sind schlechter als wir, nur wir sind echt und wahr. Wie für den moralistischen Christen die »Welt« in ihrer Selbstherrlichkeit lügenhaft und eine Beleidigung der Göttlichkeit Gottes ist, mit der zum jüngsten Gericht aufgeräumt wird, so ist für den Nationalisten das Bestehen und Aufstreben anderer Nationen ein Affront, und der eigene Wert steigt im selben Verhältnis, wie der Wert des Fremden herabgesetzt wird. Politiker, die vom christlichen Moralismus frei sind, wie Machiavelli, haben auch mit diesem »modernen« Nationalismus nichts zu tun. Machiavelli ist Patriot, aber nicht Nationalist, er schätzt z. B. die »deutschen« Demokratien im damaligen Europa (besonders die Schweiz) für gesünder und zukunftsvoller ein als die Verfassung der italienischen politischen Gebilde. Der Nationalismus ist eine *einzelne vorübergehende* Erscheinungsform einer Teileigenschaft; nur die Teileigenschaft selbst wird dem Europäer als christlichem Moralisten weiterhin anhaften. Jedesmal, wenn der Europäer dekadent wird, treten die urangelegten bösen Seiten seines Wesens in Wirksamkeit. Der Moralismus der Märtyrer, der Inquisitoren, das Ressentiment der Reformatoren steckt dem Europäer im Blute. Vom »Weltbürger« und vom »Nationalisten« unterscheidet sich der Realist, wie gesagt, dadurch, daß er von der ausstrahlenden Mitte des Europäischen her Europäer ist. Die gesunde Grundeigenart des Europäers ist in ihm lebendig, eben ein tiefer und resoluter Wirklichkeitssinn.

Wenn der Europäer etwas Dauerhaftes und Fruchtbares leistet, dann geht er als Realist vor, und zwar in den verschiedensten Sphären. Er faßt alle Kräfte und Richtungen bestimmt ins Auge, hält sich nicht damit auf, das Widerwärtige zu verdächtigen, zu bekämpfen oder zu vernichten, *weil* es ihm widerwärtig ist; er verwendet seine Kräfte, wenn er nichts oder noch nichts gegen widerliche Strömungen ausrichten kann, für eigene Unternehmungen; er geht von den Bestrebungen und Triebrichtungen seiner engeren Heimat aus, weil sie ihm seinen Rückhalt von Kraft gibt, und andererseits weist er auch ganz verwandte Richtungen rücksichtslos ab, wenn sie ihn auf Irrwege ablenken. Beispiele, absichtlich aus ganz verschiedenen Sphären gewählt, sprechen für sich selbst.

b. *Beispiele realistischer Europäer*

Als *Metaphysike*r realistisch war Augustin, indem er den Manichäismus und die Gnostik ablehnte. Er drang in die christologische Eschatologie ein, ohne Phantast und Schwärmer zu sein; er erschloß die ideenschaffende Gedankenwelt des trinitarischen Gottes, die die empirische Dingwelt mit erzeugt, eine metaphysische Wirklichkeit, die für den glaubenden, wirkenden, denkenden, formenden Europäer maßgebend ist. Eine mit Manichäismus und Gnostik – die beide Augustin verlockten – durchsetzte Metaphysik hätte die christlichen Kirchen nicht zusammengehalten. Allein *der* Augustin, der im westlichen Mittelmeer mit unbeirrbarem Sinn für das Erforderliche und Erreichbare Kirchenpolitik betrieb, hat die christlich-universale Metaphysik schaffen können.

Als *Sozialpolitiker* realistisch war Karl Marx. Im säkularen Umschichtungsprozeß der europäischen Bevölkerung erfaßt er einen wesentlichen treibenden Faktor: den arbeitenden Kollektivmenschen oder den Arbeiter als den Haupttypus im umstürzenden Grundphänomen des 19. Jahrhunderts, in der »Masse«. Ein unwiderstehlicher Trieb, für den Arbeiter Partei zu nehmen, brachte ihn zugleich zu dieser Auffassung; die Welt des Arbeiters war seine zweite, bleibende, engere gesellschaftliche Heimat, von der aus er die Perspektive nach einem universalen, auch mehr als parteimäßigen Ziele zog. Verwandte Richtungen, wie den Anarchismus, den Lassallschen Nationalsozialismus, den kleinbürgerlich-liberalistischen Ressentimentsozialismus lehnte er schonungslos ab.

Als *Innenpolitiker* realistisch verfuhr Bismarck. Eine sinnenfrische Leidenschaft treibt ihn zu den nächsten Dingen seiner sichtbaren Heimat; Preußen und von da aus Kleindeutschland sind ihm gegenwärtig als praktische Realitäten; das greifbare Interesse ihres territorialen Egoismus weist sich selbst aus in unaufhörlicher Regsamkeit. Bismarcks einzelstaatspolitischer Realismus zeigt wesentliche Züge vom Realismus des politisch handelnden Europäers überhaupt. Innenpolitisch geht Cavour gegen Garibaldi ähnlich vor wie Bismarck gegen die bloß aus dem Herzen handelnden Großdeutschen. Der Wesenszug jedes realistischen politischen Handelns tritt hervor: Jemand muß, weil ihn alles dazu treibt, an einer bestimmten Stelle bohren; an dieser und keiner andern Stelle wird das Ganze durchbrechen, innenpolitisch und, in naher Zukunft, auch europapolitisch in derselben Typik des Verfahrens. Die, die das Werden stören könnten, werden, ganz gleich, welcher Partei sie zuschwören, ob sie gesinnungsverwandt sind oder nicht, mit derselben Härte behandelt. Bismarck geht gegen die schwärmerischen Großdeutschen nicht rücksichtsloser vor als gegen die stockpreußischen Junker, den König, die Fürsten. Im Vollzug des Handelns ist er Realist, und der Realist durchkreuzt die Wege aller Parteien, Klassen und Stände.

Schließlich als *revolutionärer Innen- und Außenpolitiker des Weltkrieges* ist T. G. Masaryk Realist. Den Weltkrieg faßt er selbst als eine europäische Umsturzbewegung auf, in die alle Kontinente hineingezogen werden. Zum Ziele nimmt er sich, die nationale Emanzipationsbewegung der französischen Revolutionsperiode im slavischen Bezirk durchzuführen, und zwar von seiner engsten Heimat[5] her. Daß alle nationalen Möglichkeiten sich erfüllen, auch die slavischen, ist schon nach Herder eine spezifisch europäische Tendenz. Mit der Einbürgerung selbständiger Slaven ins Europäische wird aus der alten germanisch-romanischen Völkerfamilie etwas anderes, diese Einbürgerung ist mindestens Symptom einer inneren Revolutionierung des europäischen Kosmos. In diesem Sinne fühlen sich die großen russischen Geister des 19. Jahrhunderts als europäische Revolutionäre.[6] Masaryk ist in der Entwicklung seines Handelns vom Typ der Realisten. Sein Ziel nimmt erst in steter Fühlungnahme mit den Ereignissen bestimmte Gestalt an. Eine leidenschaftliche Liebe zur engeren Heimat bleibt der Grundantrieb eines immer weiter ausgreifenden Handelns. Schwärmereien, wie der Glaube an die Wunder der »russischen Dampfwalze«,[7] verführen ihn nicht. Die Wege der Nationalisten durchkreuzt er schon vor dem Kriege. Er sieht schon vor der Geburt seines Staatswesens klar, daß seine Verfassung so sein muß, daß es sich in ein homogenes System zentraleuropäischer Staaten einordnet, daß es sich nur so halten kann. Faschismus und Kommunismus halten sich nur an den Rändern des Kontinents, und die Zeit für den Monarchen *legibus solutus* war vorüber. Solange die Verfassung des Staatensystems provisorisch ist, ist auch die Verfassung des *Einzel*staates provisorisch. Das Maximum des Wünschbaren (eine »Führerdemokratie«, eine auf *differenzierter* Gleichheit beruhende Demokratie) läßt sich nicht einmal anders erkennen als vom Minimum des Erreichbaren und eines erreichten festen Gehäuses aus.

c. Formel des *realistischen Europäertypus*

Man kann versuchen, das Wesen des gesunden und realistischen Europäertypus auf eine Formel zu bringen. Das immer wieder bezeichnende ist, daß sich der Europäer in einer Welt von Aehnlichkeiten, Richtungen und Gegensätzen für etwas Bestimmtes entscheidet, ohne anderes Bestimmtes zu vergewaltigen. Der Europäer ist eine Einheit von Gegensätzen, er ist konzentriert und gelassen, massiv und differenziert zugleich, kompliziert und doch geschlossen, von Erdenschwere und nüchterner Erdennähe und zugleich von einer nie zu beschwichtigenden Sehnsucht nach einer ganz unirdischen Heimat, von lyrischer Innigkeit des Gemüts; er ist methodisch, exakt, zuverlässig, ein kalt berechnender Denker und alles uniformierender Organisator – und zugleich strebt seine Phantasie nach der Verwirklichung des Unmöglichen, so daß ihm »die gegenwärtige

Situation immer unbehaglicher erscheint als alle früheren« (Bismarck).[8] Auch ein Denker von der schonungslosen Verstandesschärfe und Argumentation eines Hobbes hat das Europäisch-Faustische in vollem Maße. Für den Nichteuropäer ist dieses Wesen undurchdringlich, unübersichtlich und unfaßbar; in der Einheit im Gegensätzlichen liegt das Geheimnis der Erfolge begründet, die der Europäer vom Hellenismus, dem Imperium Romanum, dem Christentum bis zum Kapitalismus, Nationalismus (vgl. *Hans Kohn*, Geschichte der nationalen Bewegung im Orient, 1928) und Sozialismus auf der ganzen Erde erzielte. Nicht darin liegt das Bemerkenswerte, daß das europäische Wesen zerrissen und zerklüftet ist, sondern darin, daß der Europäer mit dem Uebel, ja dem Bösen fertig wird, daß er inmitten einer blasierten Zivilisation den Neger an Tapferkeit übertrifft und daß er auch das Gift von Verleumdung und Erniedrigung verdaut. Der Europäer ist Polytheist und christlicher Monotheist, er ist Bürger, Proletarier, Aristokrat; er ist Landbewohner und Großstädter. Der Süden, auf den die Griechen und die Römer ihre Hand legten, ist Heimat seiner Heimat, auf die er um keinen Preis verzichtet, Heimat Stendhals, Byrons, Nietzsches, Rimbauds, Dostojewskis (vgl. »Ein Werdender«). Zugleich ist der Norden der Edda, Shakespeares, Strindbergs, Hamsuns (»Segen der Erde«)

Heimat des Europäers; und zugleich der Osten mit seinen weiten Ebenen, der Vorstoß ins asiatische Mutterland, von Gogol bis Gorki; und der Westen, und die Mitte, auf keine seiner Dimensionen kann der Europäer verzichten. Auch die Grenzsäume sind sein eigen, und er entdeckt sie heute landschaftlich, künstlerisch, wirtschaftlich, politisch, wissenschaftlich neu, von Nordafrika bis Kleinasien und bis zum Kaukasus. Alle Spannungen sind, wie Nord-Süd-Ost-West, stets an jedem Punkte zugleich, sie *tragen* den Menschen und machen ihn zu einer weltweiten Persönlichkeit. Seine Kraft entfaltet sich in einem Feld von Dynamik. Nach Montesquieu, der als einer der ersten »Modernen« von einem europäischen Selbstbewußtsein erfüllt ist, stieg »Europa ... zu einem so hohen Grade von Macht ..., daß die Geschichte nichts Ähnliches aufzuweisen hat«,[9] und der Grund liegt in der Differenziertheit bereits der europäischen Landschaft. »In Asien sind immer große Reiche gewesen, in Europa haben sie nie lange dauern können. Das kommt daher, weil in Asien ... größere Ebenen sich finden ...« »In Europa hingegen ist *ein starkes Volk dem andern entgegengesetzt*; die, welche aneinander grenzen, sind ungefähr im *gleichen Grade tapfer.* Hierin liegt der Hauptgrund von *Asiens* Schwäche und *Europas* Stärke, von der Freiheit in Europa und der Knechtschaft in Asien; eine Ursache, die meines Wissens noch niemand bemerkt hat.«[10] Europa ist nach Montesquieu im Gegensatz zu Asien *perspektivisch* aufgebaut. Während in Asien ganz kalte Zonen unvermittelt an heiße stoßen und »starken Völkern schwache *sogleich* entgegengesetzt sind«, ist in Europa bei außerordentlicher Verschiedenheit der Situationen das Benachbarte »ungefähr von gleicher Beschaffenheit«. Weil Europa perspektivisch aufgebaut ist, pflanzt sich in *jeder* großen geschichtlichen Umwälzung, die seltener und gründlicher sind als in Asien, »*eine allgemeine, durch alle Teile von Europa verbreitete Kraft*« fort.

II. Die Lebenssphären, in denen der Realist Europäer ist

1. Europa als Lebensinhalt einer »Durchbruchsgeneration«

Realismus und »Europäersein«, das ist, wie gesagt, eine einzige geschlossene Struktur und Haltung. Die Grundsituation, in der diese Haltung sich betätigt, ist gegenwärtig die Situation der »Durchbruchsgeneration«.

Wir leben in der Ära der Weltkriegskrise. Die Krise hat ihren Ursprung im »düsteren« (Nietzsche) Geiste des 19. Jahrhunderts;[11] und sie wird sich erst noch entscheidend ausschwingen. Zur Durchbruchsgeneration gehören alle, die im Zeichen der »Neugeburt des Lebens« (Dostojewski, *Aufzeichnungen aus dem Kellerloch*, 1864) geboren sind; die von einer vorausgegangenen Ordnung der Dinge abrücken. Sie sind in verschiedenen Jahrzehnten geboren. In der Sprache eines ihrer ersten Vertreter, Dostojewskis, sind Grundtöne von ihrer aller Sprache. Dieser *Ost*europäer steht zur Weltrevolution wie der *West*europäer Rousseau zur französisch-europäischen Revolution. Die alte Welt ist ganz verödet; im neuen Menschen brennt neben dem nihilistischen Vernichtungstrieb das Feuer eines neuen Glaubens. »Die Gegenwart ist die Zeit der goldenen Mittelmäßigkeit und der Ohnmacht.«[12] »Eine mutige Idee gibt es überhaupt nicht mehr. Alle leben sie wie auf der Poststation, und als müßten sie morgen hinaus aus Rußland, als denken sie: wenn's nur noch für mich reicht ...«[13] »Da hasten und jagen sie nun alle, aber vielleicht gibt es hier nicht einen einzigen wirklichen, richtigen Menschen, nicht eine einzige wirkliche Tat? Es wird einmal einer aufwachen, der dies alles träumt – und *alles wird plötzlich verschwinden*« (vgl. »Ein Werdender«[14]). In ruchloser Profitgier »rotten sie die Wälder in Rußland aus, erschöpfen sie den Boden«. »Der ganze Zweifel besteht nur darin« – so resigniert in den »Teufeln« ein Idealist und Ästhet aus der älteren Generation, der auch jünger als die Jungen fühlen kann – »was ist schöner, Shakespeare oder ein paar Stiefel, ein Rafaelsches Gemälde oder Petroleum?«[15] Nackte Interessenpolitik verwüstet auch die Gemeinschaft der europäischen Nationen. Der moderne europäische Vordergrundsrealismus, Positivismus und Kapitalismus ist ohne metaphysischen Glauben, nichts ist ihm heilig. Die Menschen werden im Glauben lau, ihre Herzen verhärten sich. Der Positivismus ist ein Götzendienst mit

»unverbrüchlichen Naturgesetzen« und philologisch oder experimentell festgestellten »harten« Tatsachen, die nur untereinander, kausalgenetisch, zusammenhängen und denen sich der Mensch »beugt«. Er entmannt sich selbst. Tatsache ist aber nur, was, mehr oder weniger vermittelt und mehr oder weniger offenkundlich, profanen und ungehobelten Vordergrundsinteressen von Menschen dient, deren Triebleben nur noch von materiellen und greifbaren Werten in Bewegung gesetzt wird, vom ökonomischen und nationalen »Nutzen« und »Fortschritt«. Die schwachen Nerven reagieren nur auf die gröbsten Reize. Nach Dostojewski haben diese modernen Franzosen, Deutschen, Engländer »jetzt andre Gedanken und andre Gefühle, und sie schätzen die alten Steine nicht mehr ...«, ihre eigenen Kulturschätze, »diese Wunder der alten Gotteswelt«. »Der Konservative kämpft dort um weiter nichts als um seine Existenz; und selbst den Petroleusen ist es bloß um das Recht auf ihr Stück Brot zu tun.« Die Herrschaft brutal-direkter und trivialer Interessen zerstückelt und verödet das »Vaterland« Europa (Dostojewski, Ein Werdender);[16] sie saugt es aus und läßt es schal und leer zurück.

Die Durchbruchsgeneration selbst befindet sich »in der Genesung«. Sie »sucht« die »Vornehmheit« (Dostojewski gebraucht dieselbe Wendung wie

Nietzsche, sein metaphysischer Antipode), eine neue Rangordnung der Seelen und Geister. Nach Dostojewskis Vision lebt nur Rußland vornehm, »nicht für sich selbst, sondern für die Idee«, d. h. für das »Reich Gottes« des Europäers, in dem eine differenzierte Gleichheit (vgl. II. 2. b.) herrscht. »Dem Russen ist Europa ebenso teuer wie Rußland; jeder Stein Europas ist uns lieb und teuer.«[17]

»Nur der Russe« wird »umso mehr Russe« …, je mehr er Europäer wird … Ich bin in Frankreich ein Franzose, in Gesellschaft des Deutschen – ein Deutscher, mit den alten Griechen – ein Grieche; *und eben dadurch bin ich im höchsten Grade ein Russe* … Ich trug meine russische Melancholie dahin …«[18]

2. Die Idee des europäischen »Bundes«

a. *Ursprung und Aufgabe des Bundes
von der Religion her gesehen*

Die Idee des »Bundes« ist ein hauptsächlicher und unterscheidender Lebensinhalt der Durchbruchsgeneration schon seit Dostojewski und Nietzsche, Rimbaud, Strindberg. In der Idee des Bundes integrieren sich die tiefsten seelischen Regungen, die religiösen, mit den Trieben und Bestrebungen des praktischen Lebens. So war es in allen europäischen Kulturperioden, zur Zeit der panhellenischen Kultfeiern, des Pantheon im Imperium Romanum, des mittelalterlich-christlichen »Gottesfriedens«. Der Bund ist zugleich nur dann »Bund«, wenn er *auch* auf Grund ganz irdischer Triebe mit irdisch-menschlicher Zwangsgewalt verwirklicht ist (vgl. das mittelalterliche Verhältnis der pax aeterna und »ewigen Gerechtigkeit« zu den »zwei Schwertern« (seit 494 u. Z., die weltliche *regalis potestas* und die geistliche *auctoritas sacrata pontificum*). Im »Bund« verkörpert sich die typisch europäische Vermählung von religiösem Glauben, erdennahem Wirklichkeitssinn und praktischer Energie.

Für den mittelalterlichen Universalisten ist das »Reich« übervölkisch, eine den Einzelstaat überwölbende Bindung, auf Grund derer dieser Staat in der ewigen Gerechtigkeit verankert bleibt. Die pax terrena ist Ausfluß des *positiveren* Gottesfriedens. »Die Menschheit in ihrer Totalität« erschien als ein »corpus mysticum«, »ein von Gott selbst gestifteter und monarchisch beherrschter einheitlicher Staat, der sich in den beiden schlechthin zusammengehörigen Ordnungen der Universalkirche und des Universalreiches ausprägen sollte« (Gierke, Althusius).[19] Als rein politische Form entspricht die feudalistische Monarchie nicht unserm Begriff von Monarchie. Sie ist auf den Momenten von Vertrag,

Wahl, korporativer Selbstverwaltung, Kollegialität aufgebaut. Verfassungsrechtlich sieht Hegel eine »Anarchie«. – Im barocken Gleichgewichts- oder Harmoniesystem der Mächte, das Wilhelm von Oranien praktisch, Leibniz geschichtsmetaphysisch schuf und das im positivistischen Nationalismus und planetarischen Imperialismus des 19. Jahrhunderts endgültig verfällt, überlebt ein Rest der christlichen Bundesidee. »Seit dem 16. Jahrhundert gründete man immer häufiger die Verbindlichkeit des ius gentium auf eine natur*rechtliche* »*societas gentium*«, in welcher fort und fort die ursprüngliche und unvertilgbare Einheit des Menschengeschlechts zu rechtlichem Ausdruck gelange« (Gierke, a. a. O.).

Unter gänzlich veränderten gesellschaftlichen und politischen Verhältnissen wird gegenwärtig wieder, nach einer langen Öde, die Idee des Bundes aus lebendigem religiösen Glauben geboren. – Ob dieser Glaube theoretisch richtig ausgelegt wird, wenn man ihn als »christlich« interpretiert, und ob und wie man bei gänzlich verändertem Lebenstempo und Lebensrhythmus noch Christ sein, im Kult des Abendmahls und des gehörten und gelesenen »Wortes« aufgehen kann, ist ein europäischer Fragenkomplex für sich. – Bei ganz verschiedenen Persönlichkeiten waltet ein innerer Zwang, sich das »Reich Gottes« (Hegel, Hölderlin, Dostojewski) zur »Losung« zu nehmen.

Ein moderner Katholik (F. Keller, Freiburg) äußert[20]: »Es ist Platz für alle Richtungen auf das eine große politische Nahziel hin, die Volksseele zu gewinnen für die Vereinigten Staaten von Europa. Wer hieran mitarbeitet, arbeitet nicht gegen, sondern für Christus und sein Reich.« T. G. Masaryk erklärt für »unsere Aufgabe …, die Religion und Ethik Jesu zu verwirklichen«.

Vom christlichen Glauben her ergibt sich eine bestimmte Aufgabe des europäischen Bundes, eine ganz spezifische Beauftragung, die die Europäer der verschiedenen Jahrhunderte verbindet. Auf einer geschichtsmetaphysischen Warte könnte man sagen, daß es sich um die Sendung des Europäers im irdisch-planetarischen Bereich handelt. Der Sinn dieser Sendung wird von den beiden christlichen Konfessionen in übereinstimmender Richtung gesehen. Greifen wir zunächst Schleiermacher als Repräsentanten des Protestantismus heraus. »*Der ewige Friede*«, so formuliert er in »Über das höchste Gut« 1830,[21] setzt eine *Mehrheit politischer Vereine* voraus, aber unter ihnen Zustimmung und *freie Gemeinschaft*, um *die Herrschaft über die Natur* zu vervollständigen und stetig zu erneuern. Das »Motto« der Lebens»*arbeit*« dieser Staatengemeinschaft lautet: »*Zur Bildung der Erde sind wir berufen*« (vgl. Brouillon zur Ethik 1805/6). Der christliche Gott selbst ist nach Schleiermacher ein solcher, daß er auf unsere

Bearbeitung und Emporläuterung der Natur angewiesen ist; wir führen die göttlichen Schöpfergedanken in gemeinschaftlicher irdischer »*Arbeit*« durch. In solchen und ähnlichen Prägungen regt sich schon der Geist des Jahrhunderts der Arbeit und der europäischen Weltherrschaft. Entsprechende Formulierungen sind dem Katholiken noch viel geläufiger, weil er dem mittelalterlichen Universalismus näher steht. In der »Sozialen Revue« (1928, 3)[22] finden wir folgenden überaus charakteristischen Ausspruch: »Das war der letzte, der mächtigste Glaube des Christentums, der *Glaube an die Transsubstanziation des Materiellen in das Geistige*, die *Umwandlung der Erde* aus roher Wildheit in einen Garten der Kinder Gottes.«

Der Bund der »Kinder Gottes«, das »Reich Gottes auf Erden« wird nach der gesamtchristlichen Metaphysik zusammengehalten durch die Aufgabe, die der christliche Gott dem Europäer stellt: durch praktische Arbeit, schließlich auch in Technik, Industrie, Wissenschaft, gesellschaftlicher und politischer Organisation, das Irdisch-Materielle zu »transsubstanzialisieren«. Der christliche Gott ist selbst ein Schöpfergott, ein »Arbeits«gott; er spornt den praktischen Willen an und fordert den praktischen Gottesdienst. Er ist der Gott der wachsenden Masse: »Seid fruchtbar und vermehrt euch«,[23] ruft er den Seinen zu; und die geschlechtliche Liebe ist gerechtfertigt als technisches Mittel der Vermehrung der Gattung. Jeder, der ihm dient, ist gleichberechtigt.

Die »Bildung der Erde« ist die Aufgabe des »Bundes« im Sinne der europäischen *Gesamt*metaphysik, d. h. nicht nur der christlichen Metaphysik, sondern bereits der vorchristlichen antikisch-polytheistischen Metaphysik: die Aufgabe im Sinne des epochenüberdauernden Europäerglaubens, wie er sich seit den Vorsokratikern vom Glauben des asiatischen Mutterlandes abdifferenziert. Der antike polytheistische Gott ist der Erde nahe, ohne von seiner Heiligkeit etwas einzubüßen; er ist in allem menschlichen Wirken, allen Ordnungen in mannigfacher Gestalt gegenwärtig, heiligt alle Banden und nimmt am Ringen und an den Schicksalsschlägen teil. Seine Göttlichkeit erhöht sich, wenn er sich leidenschaftlich an den irdischen Plänen und Unternehmungen beteiligt, sie wird mythisch, d. h., lebensvoll, begrenzt und gestalthaft. Die Göttlichkeit Gottes liegt im Fertigen, Tüchtigen, in dem, was Maß, Ziel, Grenze, Ende hat, nicht im Grenzenlosen der asiatischen Substanz, die jede bestimmte Gestalt verschlingt und den Ernst dessen, der in einer irdischen Arbeit aufgeht, nicht aufkommen läßt. Die ersten Europäer, die Vorsokratiker, noch gebettet an die Brust der Urmutter Asien, sind wie »Nüchterne unter Trunkenen«.[24] Bis in die imperialistischen Uebergriffe des 19. Jahrhunderts ist es wesentlich griechischer Wirklichkeitssinn, geschöpft aus der griechischen polytheistischen Metaphysik, dem eine weltumspannende Politik gelingt, der die ganze Erde zivilisatorisch umgreift, dem wenigstens in einer Sphäre die »Bildung der Erde« gelingt. In der Praxis, in der Betätigung der Sendung, besteht der europäische Bund eher als in einer theoretisch festlegbaren Bundesverfassung.

b. *Der Bund in der politisch-geschichtlichen Gegenwart*

Mag ein auch politisch organisierter europäischer Bund noch so sehnsüchtig herbeigewünscht werden, für den Realisten ist der Wunsch nicht der Vater des Gedankens. Er erkennt einerseits (b. β.) nur das als einen politischen Bund an, was im Sinne des Staatsrechts – vielleicht eines neuen Staatsrechts – die Wesensmerkmale des politischen Bundes an sich hat, und er verkennt andererseits (b. α.) nicht, daß ein künftiger politischer Bund nur aus wirklichen geschichtlichen Ansätzen und aus den Lebensantrieben, Instinkten und Interessen der Beteiligten hervorgehen kann. (Den zweiten Punkt werden wir zuerst behandeln.) Im Sinne Spinozas, für den auch noch das Falsche für das Wahre zeugt,[25] könnte man sagen, daß die Fiktionen, die Ressentiments, das Pharisäertum, das aus der Not eine Tugend macht oder das die Laster mit bunten Lappen überhängt, daß all das Dekadente, das die Idee des europäischen Bundes überwuchert, dafür spricht, daß diese Idee in einem Brennpunkt gegenwärtigen Glaubens, Tuns und Denkens steht. Die Idee könnte aber auch verwässert, verflacht, langweilig gemacht, demagogisch verzerrt werden. Mit oder ohne bösen Willen bringen sie freundliche oder feindliche Parteien in Misskredit, und die Freunde sind vielleicht noch gefährlicher, die die Idee in irgendeiner Kompromissform oder Vereinseitigung als Modernisierungs- und Verjüngungsmittel ihrer Partei oder als diplomatisches Werbemittel ausbeuten, wie wenigstens teilweise moderne Sozialisten, Katholiken, Konjunkturpolitiker, Lebensreformer usf. Die »Paneuropabewegung« ist vielfach eine gesellschaftliche Modeangelegenheit und eine Vereinssache, die auf internationalen Kongressen programmäßig »betrieben« wird. Über die Schwierigkeiten, die man nicht sehen will, geht man nonchalent, mit leichter Geste hinweg. In ganz anderer Sphäre liegt der ebenfalls unrealistische Paneuropäismus demagogischer Trunkenheit, der alles über den Haufen rennen möchte, eine Art sozialutopischer Nihilismus, der sich folgendermaßen ausspricht: »Die Rassen unterscheiden sich nicht, was Ausbeutung und Elend anbelangt, und das Blut aller Völker hat dieselbe Farbe. An dem

Tag, an dem die *Massen der Arbeiter und Bauern*, welche in Wahrheit die lebende Kraft der Menschheit darstellen, *einen Bund* schließen werden, werden alle künstlich (?) geschaffenen Kriegs- und Unterdrückungsplagen durch die Kraft der Dinge, durch (?) die Macht der Vernunft *verschwinden*.« Immerhin spricht sich in diesen Worten von Henri Barbusse[26] ein echtes politisches Pathos der aufsteigenden europäischen Bevölkerungsschicht aus, ein wirkungskräftiges Pathos, das in Rußland zur »Erklärung der Rechte des werktätigen und ausgebeuteten Volkes«[27] führte und das bei Arbeitern aller europäischen Nationen zündet. Die »Paneuropäer« erkennen die Kraft und möchten von ihr profitieren; sie wollen jetzt zum Teil »von den Massen ausgehen«.

α *Geschichtliche Ansätze zu einem Bund*
Der Europäer, der schlicht, als Realist, Europäer ist, geht, wie gesagt, einerseits von den geschichtlichen Wurzeln eines künftigen Bundes aus.

In unvoreingenommener Beobachtung ist man neuerdings in der Staatswissenschaft (vgl. Rich Schmidt, »Die Zukunft des modernen Imperialismus«, Zeitschrift für Politik, Band 18) darauf gekommen, daß das gegenwärtige außenpolitische Tun und Denken im Zeichen des »Bundes« steht, »Eine Neigung« regt sich, »kleinere Staaten zu größeren Staatskomplexen zusammenzulegen« von

»übernationaler Prägung«, man strebt zu einem »mitteleuropäischen« »Bund« (Beneš), einem Balkanbund, einem islamischen Bund, einem panskandinavischen, lateinamerikanischen, panamerikanischen Bund. Die Bundesidee hat den alten nationalegoistischen Imperialismus in einem weltgeschichtlichen Falle bereits gesprengt: in der Umgestaltung des interkontinentalen britischen Imperiums. Eine neue *föderalistisch*-universalistische *Rechts*idee tritt anstelle des nationalistisch-partikularistisch-*atomistischen* Souveränitätsgedankens, Korporationsrecht anstelle des individualistischen Herrschaftsrechts. Im Staatenleben ist das Recht wesentlich und ursprünglich Recht von Gruppen, solidarischen Gemeinschaften, und nur abgeleiteter Weise Recht von Einzelnen.

Der Gegensatz zwischen Souveränitätsrecht und Bundesrecht ist nicht identisch mit dem Gegensatz zwischen Macht und Recht. Zu jedem Recht gehört eine Machtgrundlage und jemand, der die Macht aus vollem Herzen genießt, wie zu jedem Geist ein Körper gehört, der von eigenem Werte ist und dem Geist Wirkungskraft gibt und eine Wirkungssphäre erobert. Das Dekadente liegt darin, daß im Souveränitätsrecht der Machttrieb überwuchert. Im Barock ist der Machttrieb noch rechtlich geformt, eine pia causa ist die Voraussetzung des Krieges, es sind Kampfregeln zu beobachten und das Gleichgewichtssystem der souveränen Staaten muß aufrecht erhalten bleiben. – Die Ausbildung des Souveränitätsrechts seit der Renaissance ist aber, das darf nicht unterschlagen werden, selbst eine europäische Angelegenheit (vgl. *Herm. Rehm*, Geschichte der Staatsrechtswissenschaft, Handbuch des öffentlichen Rechts, Mohr 1896, Seite 210, 212). – Im 19. Jahrhundert überwuchert der rohe Machttrieb die Rechtsformung, und es entsteht der Militarismus. Das Verhältnis zwischen Macht und Recht ist *aus den Fugen*, Macht und Recht werden *gegeneinander ausgespielt.* Jeder beschwert sich, daß sein Recht mißachtet wird, er setzt als selbstverständlich voraus, daß der andere es vergewaltigt, wenn er nur kann, und er geht den »sichersten Weg«, gibt alles Geld für Rüstung aus, macht auch die alten Weiber, die Kinder und Priester mobil, macht die ganze Kultur, die Schule, die Universität, die Kirche, die Kunst kriegsverwendungsfähig, und nimmt sich im geeigneten Moment was er braucht und soviel er kriegen kann. Der Krieg ist formlos, nicht mehr ritterlich wie im Mittelalter und Barock, man rottet sich wie Ungeziefer aus und übergießt auch die Mütter, die Denker, die Priester, die Aristokraten, Souveräns und das Regime der andern Nation mit Kübeln schmutzigen Giftes. Man alarmiert die niedrigen Instinkte der Massen, läßt keinen guten

Faden am andern, und am Ende schlagen lauter Verworfene und Verachtete einander tot, jeder mit dem gleichen Minimum eines Rückstandes von Rechtsidee ausgestattet: ich habe recht, weil mein elementares Lebensinteresse auf dem Spiele steht. Die Macht ist nicht die Grundlage, sondern der *Ersatz* des Rechts; der Machtrausch, in den sich die wimmelnden Massen Hals über Kopf stürzen, soll das Rechtsbedürfnis übertäuben: wenn ich blindlings dem Machttrieb folge, werde ich schon von selbst in das rechtlich-ordnungsgemäße Verhältnis zu den übrigen europäischen Nationen kommen; wenn ich ihm besinnungslos alles opfere, muß ich recht behalten. Gott ist bei der größeren Armee.

Das epochale Beispiel für das strukturlose Auseinanderfallen von Macht und Recht ist im Übergewicht des Militärs über den Diplomaten gegeben. Der Diplomat hat als Regierungsbehörde das Recht zu vertreten. Der Militär behandelt die Draperie des Rechts als eine schlechte und unbequeme Verhüllung der allein noch zuverlässigen und überzeugenden Realität: der Übermacht der Bajonette. Wenn er den Diplomaten, der das Recht als eine moralische Rechtfertigung mißbrauchen möchte, desavouiert, dann hat er wenigstens die Ehrlichkeit des Rechtsnihilismus auf seiner Seite. Dieser Nihilismus ist aber billig und simpel, weil die wirklichen Rechtsgegensätze vor allen sozial- und nationalrevolutionärer Art außerhalb des Gesichtskreises eines Fachmilitärs liegen, der im Kastengeist erzogen wurde. Er versteht nur die Gesetze von Kraft und Widerstand.

Mit »Realismus« hat der nationale egoistische Militarismus der letzten politischen Verfallsperiode nichts zu tun, wenn er sich auch »realistisch« gebärdet. Die Argumentation ist die des grundsätzlich Genügsamen, des Minimalisten, ja des Desperado, der aus der Not, daß er nicht mehr von übergreifenden rechtlichen, religiösen und kulturellen Bindungen ausgehen kann, die Tugend macht, daß er nur materialistisch vom Machtinteresse ausgeht; alle Schwierigkeiten des Für und Wider und alle »sentimentalen« Regungen sind im nihilistischen Machtrausch ausgelöscht.

Die Entwicklung des Souveränitätsrechts vom mittelalterlichen Nominalismus, der Renaissance, dem Barock bis zum Weltkrieg ist abgeschlossen, insofern dieses Recht sich im letzten Stadium der Dekadenz befindet. Wenn das Ende zugleich ein Anfang ist, wird das Recht der »universitates« neugeboren, wenn es in unserer Welt auch etwas anderes bedeutet als im »Caesaropapismus« des Mittelalters. Der Gegensatz zwischen Bundesrecht und atomistischem Souveränitätsrecht ist nicht identisch mit dem *Partei*gegensatz zwischen moralistischem Pazifismus oder Internationalismus und nationalistischem Militarismus. Der »*Bundes*«gedanke ist Gemeingut einer ganzen europäischen Durchbruchsgeneration, deren Glieder sich auf den verschiedensten Lagern finden. Die Bundesidee ist Forderung im Geist eines neuen »Ethos«, sie entsteht aber nicht ausschließlich *aus* der »Moral«; das Recht hat wie die Moral einen eigenen Quell in eigenen Lebenstrieben und Konzeptionen. Die Bundesidee entsteht gegenwärtig aus mehreren Quellen zugleich, im Zusammenhang religiöser, demokratischer, auch kommunistischer und faschistischer Bewegungen. Der Faschismus ist hier ein bemerkenswerter Zeuge, weil er noch am ehesten die militaristische Tradition der alten bürgerlichen Oberschichten weiterführt, – Ich habe Äußerungen im Auge wie die Guiseppe Bottais im Aufsatz »Der italienische Faschismus«:[28] »... Aber die Größe des vom Faschismus in der Schaffung der ständischen Staatsordnung vollbrachten Werkes überschreitet die Landesgrenzen (!) und interessiert die ganze moderne Kulturwelt, denn das 20. Jahrhundert schafft sich nunmehr sein eigenes Gesicht und seine Selbständigkeit.«[29] Der Faschismus *beansprucht* also – wie der Kommunismus – räumliche und zeitliche *Universalität* seines staatsrechtlichen Leitgedankens. Wie weit die sachlichen Ansprüche sachlich begründet sind, ist eine Frage für sich. Das Original dieser

Auffassungen Bottais sind jedenfalls die russischen Slawophilen.

Allgemein, unter allen Umständen, sind Triebe, Ziele, Schicksale, Kulturgüter (u. zw. verschiedenster Sphäre) das Gemeinsame, das die Gruppe zusammenhält, nachdem es selbst erst aus dem Leben der Gruppe entspringt. Der Bund läßt sich nicht fabrizieren, nicht wie ein Glockenguss künstlich überstülpen; eine reale wesentliche Gemeinschaftlichkeit muß auf ihn hinleiten. – Welcher Art sind die »substanziellen« Gemeinschaftlichkeiten, die Homogenitäten, die *gegenwärtig* auf einen Staatenbund hinführen, ja ihn vielleicht korporationsrechtlich« beanspruchen?

Die »Rechte des werktätigen und ausgebeuteten Volkes« wurden schon erwähnt. Der Rechtsanspruch selbst ist zentral europäisch, wie vier bis fünf Generationen früher der Anspruch des »dritten Standes« auf die »Grundrechte« aus einem europäisch-universalen metaphysischen Naturrecht geschöpft war. Eine auf europäischem Boden entstandene, in allen europäischen Staaten aus gleichen Gründen unterdrückte und aufstrebende Schicht holt sich »ihre ewigen Rechte« vom Himmel auf die Erde herab. Der Rechtsanspruch der arbeitenden Unterschichten liegt gewissermaßen in der Atmosphäre des gegenwärtigen europäischen Rechtsempfindens und Rechtsdenkens. Die russische »Bundes«verfassung ist *eine* (nicht *die*)

Möglichkeit, in der das atmosphärische Naturrecht sich zum positiven Staatsrecht kristallisiert, in der es vom politischen Formwillen eingefangen wird.[30] Das Pathos in der Präambel des positiven Verfassungsrechtes ist zugleich das Pathos eines europäisch-universalen Naturrechtsanspruches unserer Zeit – die Norm des Naturrechts dabei nicht mehr, wie im Rationalismus von Rousseau bis Fichte, als generelle Vernunft in einem »höchsten Wesen« (Robespierre) überhaupt, sondern als Norm einer konkreten weltgeschichtlichen Situation verstanden. Die Norm ist übergeschichtlich, aber geschichtszugewandt, *nie* geschichts*frei*. Wir Gegenwärtigen haben unsere eigenen »ew'gen Rechte« (Schiller, Tell),[31] eröffnen uns unsere eigene Perspektive durch das Reich der ewigen Gerechtigkeit, holen die Rechte auf unsere Erde herab«. Der Rechtsanspruch der Arbeitenden ist in die Komplexion gegenwärtiger europäisch-universaler Naturrechtsansprüche eingebettet; er ist so wenig und so sehr »marxistisch«, wie einst der Rechtsanspruch des neuen dritten Standes rousseauistisch war. Nietzsche, der um 1888/89 das Massiv einer aus der Sintflut auftauchenden Welt abtastet, formuliert den Anspruch und die Richtung der Lösung so (Wille zur Macht, 2, Nr. 763, 764): »Aus der Zukunft des Arbeiters. Arbeiter sollten wie Soldaten empfinden lernen. Ein Honorar, ein Gehalt, aber keine Bezahlung! ... Die

Arbeiter sollen einmal leben wie jetzt die Bürger; – aber über ihnen, sich durch Bedürfnislosigkeit auszeichnend, die höhere Kaste: also ärmer und einfacher, doch im Besitz der Macht.«[32] – Die russische Lösung ist selbst europäisch, der aus Westeuropa übernommene Marxismus europäisiert nunmehr auch die asiatischer gebliebenen Unterschichten.

Nach Karl Marx steht in Gestalt des Solidaritätsrechts die Norm einer neuen europäischen Kulturwelt gegen die Norm einer endgültig zerrütteten europäischen Ordnung der Dinge. Die revolutionäre Mission des föderalistischen Rechts sah schon sein erster ausgeprägter und bewusster Verkünder, J. H. Boehmer. Die »Societates« oder Korporationen sind für den Staat nach Boehmer gefährlicher als die unverbundenen Einzelnen[33] – *ein Satz, den auch Rousseau ausspricht,* aber mit der Spitze *gegen* die Korporationen (weil er die bisherigen ständischen Intermediärgewalten im Auge hat und die Auskunft nur in einer terroristisch-egalitären Demokratie sieht). Nach Marx ist das Grundkennzeichen der eben versinkenden Welt: »das bloß *atomistische Verhalten* der Menschen in ihrem gesellschaftlichen Produktionsprozess«. Dieses atomistische Verhältnis von Menschen, die »als Warenbesitzer« frei und einander gleich sind, ist das »*herrschende*« und prototypische, maßgebende »gesellschaftliche Verhältnis«. Die »Verselbständigung« des autonomen Einzelmenschen ist aber nur noch »äußerlich«, die Autonomie der Persönlichkeit, Erbgut der christlich-humanistischen Tradition hebt sich in der kapitalistischen Bürgerlichkeit in sich selbst auf. »Innerlich« werden die »freien« Konkurrenten immer unselbständiger. In den Weltwirtschaftskrisen zeigt sich, daß »die Unabhängigkeit der Personen voneinander sich in einem System allseitiger sachlicher Abhängigkeit ergänzt«. Die Abhängigkeit von den Eigengesetzlichkeiten der Sache und die Selbstentmannung der Person vor dem Gesetz wird vom Liberalismus aus dem Debet in ein Credit umgefälscht. Die alte Welt und ihre Menschen sind in sich selbst zerspalten, krank. Das Kranke wirkt zugleich krank*machend*, infizierend und korrumpierend. Mit der alten Gesellschaft ist auch ihre »entsprechendste Religionsform« am Ende der Weisheit angelangt, das europäische »Christentum mit seinem *Kultus des abstrakten Menschen*, namentlich in seiner bürgerlichen Entwicklung, dem Protestantismus, Deismus usw.«.[34]

Die alte Macht »entwickelt« sich, indem sie sich selbst den Boden ihrer Entwicklung verdirbt; ihr letzter Vorkämpfer, der Kapitalismus, »untergräbt« »zugleich die Springquelle allen Reichtums ..., die Erde und den Arbeiter«.[35] In Österreich, England, Deutschland, Frankreich dasselbe Verhängnis: »Dieselbe blinde Raubgier, die in dem einen Fall die Erde erschöpft, hatte in dem andern die Lebenskraft der Nation an den Wurzeln ergriffen«;[36] »jede Schranke von Sitte und Natur, Alter und Geschlecht, Tag und Nacht wurde zertrümmert«,[37] – so die von Naturrechtsansprüchen beschwingte Kulturkritik Marxens, die an die Adresse des Infektionsträgers und -verbreiters, des europäisch-ökonomisch-liberalistischen Individualismus gerichtet ist.

Von oben nach unten gesehen ist die Formstruktur der alten kapitalistischen Gesellschaft im Stile des *Militarismus* gehalten. Im »Namen des Kapitals kommandieren« nach Maßgabe »kasernenmäßiger Disziplin« »industrielle Oberoffiziere und Unteroffiziere« über die »gemeinen Industriesoldaten«; und den direkten und stärksten Druck auszuüben ist den *subalternen* Vorgesetzten überlassen. Aus der vorbildlichen Form des Industriemilitarismus schöpft der überlebende politische Despotismus den Mut und die Kraft zu seiner Form. Das »Recht«, das den Industriemilitarismus legitimiert, das die Machtposition wenigstens sanktionieren soll, ist das *Eigentumsrecht* einer fiktiven Privatperson. »... Bald darauf vereinigte die Pariser Juniinsurrektion[38] ..., wie im kontinentalen Europa so in England, alle Fraktionen der herrschenden Klassen ... unter dem gemeinschaftlichen Ruf zur Rettung des Eigentums, der Religion, der Familie, der Gesellschaft«.[39] »Es findet hier also eine *Antinomie* statt,

Recht wider Recht.«[40] Jeden überpersönlichen Rechtsanspruch und jede Regelung durch eine kollektive oder »soziale«, nichtliberale, Gesetzgebung »brandmarkt« das alte liberalistisch-»idealistische« »Rechtsbewußtsein« als einen Eingriff in die unverletzlichen Eigentumsrechte, in die Freiheit und sich selbst bestimmende ›Genialität‹ des individuellen Kapitalisten«. »Heutzutage ist der Atheismus selbst eine geringfügige Sünde, verglichen mit der Kritik überlieferter Eigentumsverhältnisse.« »Was allein hier herrscht, ist Freiheit, Gleichheit, Eigentum und Bentham«,[41] d. h. Harmonie der Interessen aller Konkurrenten, soweit sie wirtschaftende *Individuen* sind und soweit diese etwas besitzen.

Das neue Solidaritätsrecht, das die gesellschaftlich-politische Struktur Gesamteuropas mit umgestalten soll, schöpft Marx aus der Konzeption eines »naturwüchsigen Gemeinwesens« mit einem »naturwüchsigen System der gesellschaftlichen Teilung der Arbeit«. Die gegenwärtige »Revolution im Rechtsverhältnis« wird wesentlich mit durch die europäische Maschinentechnik »bewirkt«. Die naturhaft-unmittelbare Solidarität der Arbeitenden wird durch die Vermittlung der Technik und auf ihrem Boden neu gewonnen. »Der *kooperative Charakter* des Arbeitsprozesses wird jetzt also durch die Natur des Arbeitsmittels selbst diktierte technische Notwendigkeit.«[42] Die

Arbeitenden bilden einen »*produktiven Gesamtkörper*«. »*Aus der Verschmelzung vieler Kräfte in eine Gesamtkraft*« »*entspringt*« »*eine neue Kraftpotenz*«. Das *Gesamtprodukt* übersteigt »die individuelle Leistungsfähigkeit«, »schon der bloß gesellschaftliche Kontakt« »erzeugt« »einen Wetteifer und eine eigene Erregung der Lebensgeister«. Die Arbeit ist eine »kontinuierliche Gesamtverrichtung«. »*Im planmäßigen Zusammenwirken mit andern streift der Arbeiter seine individuellen Schranken ab und entwickelt sein Gattungsvermögen.*« In der praktischen Betätigung, die seinen hauptsächlichen Lebensinhalt ausmacht, überwindet der europäische Arbeiter den alten Individualismus; vor aller Theorie stellt er durch seine Tat eine neue revolutionierend wirkende föderalistische Existenz in die Welt. Der Ausweis durch die Tat, daß diese Existenzform ihr eigenes Recht zu beanspruchen hat, weil sie gesellschaftlich-politisch schöpferisch und prototypisch ist, geht der Ausformulierung und politisch-gesetzlichen Bestätigung des Rechts voraus. Eine »*Naturgabe*« fordert ihr Naturrecht, die »die Naturgabe der *lebendigen Arbeit*, Wert zu erhalten, indem sie Wert zusetzt …« Als kooperativ Arbeitende haben die modernen Europäer inmitten des Verfalls, der Erschöpfung und Verlogenheit in sich selbst eine allgegenwärtige Urkraft entdeckt, die »lebendige Arbeit«. Sie »ergreift« die zusammengestellten Produktionsmittel mit magischer Energie, »erweckt sie von den Toten«. »Vom Feuer der Arbeit beleckt, als Leiber derselben angeeignet, zu ihren begriffs- und berufsmäßigen Funktionen im Prozeß begeistet«,[43] werden sie verzehrt und umgebildet. Das allgegenwärtige, begeistungs- und verwandlungskräftige Feuer der Arbeit ist der Mythus, in dem sich die »zusammenarbeitenden« modernen Europäer verbunden wiederfinden. Die neue Produktivkraft fordert ihr Recht, und das Unrecht des alten verfallenen Rechts liegt darin, daß der arbeitende Mensch, der wesentlich Glied eines Bundes von Arbeitenden ist und dessen Kraft und produktive Eigenart in dieser Verbundenheit liegt, zwangsweise, zu seinem moralischen, bildungsmäßigen und ökonomischen Nachteil, ja Ruin, als isoliertes Einzelwesen behandelt wird. Als solches erfaßt ihn die militärische Fabrikverfassung. »In der Fabrik existiert ein toter Mechanismus unabhängig von ihnen, und sie werden ihm als lebendige Anhängsel einverleibt«,[44] als bloß »individuelle«, »spezialisierte«, »entleerte Maschinenarbeiter«, abgesehen auch von Geschlechts- und Altersunterschieden. »Das Individuum selbst wird geteilt.« »Die *gesellschaftliche* Macht wird so *zur Privatmacht der Privatperson.*« »Der Kapitalist zahlt daher den Wert der 100 selbständigen Arbeitskräfte, aber er zahlt nicht die *kombinierte Arbeitskraft* der 100«. »Als

Kooperierende, als *Glieder eines werktätigen Organismus*, sind sie selbst nur eine besondere Existenzweise des Kapitals.«

Keineswegs entwickelt sich das neue »Bundes« recht, das die innerstaatlichen Verhältnisse und die Ordnung des europäischen Staatensystems *mit*umgestalten muß, *allein* in der Sphäre der wirtschaftlich-gesellschaftlichen Spannungen; die umwälzende Bedeutsamkeit der neuen Rechtsauffassung zeigt sich hier aber in greifbarster Realität und an der wundesten und verwundbarsten Stelle des europäischen gesellschaftlichen und kulturellen Kosmos. Eine »realistische« Stellungnahme zum Problem »Europa« wird davon ausgehen, daß sich tatsächlich ein neues europäisches Rechtsbewusstsein zuerst im neuen föderalistischen Sozialrecht des europäischen Industrievolkes entwickelt. Dieses Recht sprengt die alte politische Rechtsordnung. *Innerhalb* der Einzelstaaten kollidieren Kollektivinteressen ganzer Bevölkerungsschichten, und die alten Rechtsnormen und Rechtspraktiken des alten »konstitutionellen« Verfassungsrechts haben gar kein Verhältnis zu den selbstherrlichen Mächten. Eine neue Rechtslage ist geschaffen, in der die konstitutionell-monarchisch-liberalistischen Praktiken nicht verfangen. Nur ein Staat, der das allgemeineuropäisch-»soziale« Moment in die Grundrechte und Grundgesetze seiner Verfassung aufnimmt, ist imstande, Schiedssprüche, die übernationale Wirtschaftsorganisationen (Kartells und Gewerkschaften usf.) betreffen, für verbindlich zu erklären. Um die Verbindlichkeitserklärung durchzusetzen, werden zunehmend die Machtmittel eines ganzen Staatenbundes nötig sein. Der Bestand übernationaler Wirtschaftskoalitionen hat bereits zu einer »internationalen Arbeitsorganisation als ständiger internationaler Einrichtung des Völkerbundes« geführt. Ein entstehendes europäisches Sozialrecht postuliert auch ein Forum, das die Rechtssprüche sanktioniert. Mag sein, daß von den imperialistischen Einzelstaaten, den großen »Leviathans«,[45] etwas ganz anderes beabsichtigt wird: daß unvermeidliche sozialpolitische Zugeständnisse an die Arbeiterklasse so erfolgen sollen, daß die einzelnationalstaatliche Konkurrenzfähigkeit auf dem Weltmarkt nicht beeinträchtigt wird. Die Geister, die man gerufen, wird man nicht wieder los. Man muß, um der immer noch maßgebenden einzelnationalstaatlichen Zielgebung zu dienen, zunehmend den Umweg über eine Sozialpolitik nehmen, deren verpflichtende Bestimmungen einem übervölkischen Rechte entfließen. Unbewusst und ungewollt wird in der Praxis eine regressive Methode befolgt. Von einem Nationalismus, der als Restbestand des einzelstaatlichen Absolutismus seinem Gehalte nach sich nur noch als ökonomisch-imperialistischer Machtwille ausweist, gelangt man auf diesem regressiven Wege zu einer Verjüngung des Völkerlebens vom europäischen Boden aus – vorausgesetzt wenigstens, daß es aus der »Sackgasse« (Nietzsche) der »kleinen« nationalistischen Politik Europas überhaupt noch einen »Ausweg« gibt.

Es fragt sich, ob das moderne Wirtschaftsleben mit seinen kollektiven Interessengegensätzen und seinen sozialrechtlichen Spannungen überhaupt noch auf Europa begrenzt werden kann.

Einmal griffen, bis 1880 rein expansiv, von da an fixierend, ordnend und verteilend, die *europäischen* imperialistischen Mächte *über den ganzen Erdball*. Sie beuteten die Tendenzen und Formen des europäischen »Nationalstaates« zum Zweck materialistischer Machtpolitik aus, einer Gier nach Seestationen, Eisen, Gummi, Öl, schließlich, im »Kommerzialimperialismus«, nach »Finanzierungen«. Man übertrug sogar die Formen des konstitutionellen Nationalstaates auf außereuropäische Gebiete, um sie als sklavische Nachahmer europäischer Formen in wirtschaftlicher Abhängigkeit zu erhalten. Aus ökonomischen Motiven verpflanzte man mechanisch, durch Massenauswanderung, die Rasse; Australien, die Vereinigten Staaten, Kanada, Südafrika sind Ableger des britischen Volkes, und die Nordamerikaner treiben »germanische« Rassenpolitik. Einige europäische Staaten sind interkontinentalen Charakters: das englische

Imperium, Rußland, »France d'Afrique«. Die Interessenschnittpunkte der großen Politik sind aus Europa herausgerückt: nach Kairo, Kapstadt, Singapore, Pearl Harbour, Manila, um wichtigste Repräsentanten zu nennen. Europa ist scheinbar nur noch im passiven Sinne die Mitte: als Kampfplatz interkontinentaler Machtgruppen.

Es kommt als Zweites hinzu, daß in der neuen Aera imperialistischer Weltpolitik *außereuropäische* Mächte *immer entscheidender* werden. Der Statistik nach ist Europa in wesentlichen ökonomisch-imperialistischen Positionen bereits überholt. 1925 hat die Bevölkerungszahl gegen 1913 in Amerika um 18 %, in Asien um 4–6 %, in Afrika um 6–8 % und in Europa um 1–2 % (!) zugenommen; die entsprechenden Zahlen für den Gesamtexport sind: 35 %–14 %, 47 %; 3–8 % in Europa ein *Rückgang* um 10–9 %. Die Volkskraft der Farbigen entwickelt sich erst im Zusammenhang mit der Entwicklung des Nationalismus und Kapitalismus. Kraß ist vor allem das Übergewicht Amerikas, es ist der Rentner Europas, und auch die übersaturierten amerikanischen Arbeiter verdienen auf Kosten der europäischen. Die Forderung, daß ein europäisch-»kontinentaler Arbeitsraum« (Amelung) geschaffen werden muß, mit Abbau der Zollmauern, europäischer Verkehrsordnung, internationalen Kartellen, kollektiven Handelsverträgen, Organisation der Staatsbanken leuchtet Kreisen ein, die den verschiedensten innerstaatlichen Parteien angehören. Die minimalistische Politik bloßer Selbsterhaltung gegen den Finanzkontrolleur Europas spricht für eine europäisch-übernationale Wirtschaftsorganisation und eine entsprechende Institution.[46]

Wenn man nur die »geopolitische« Dynamik zwischen materialistischen Interessen und imperialistischen Machtquanten in Betracht zieht, ist die weltpolitische Situation seit dem großen Krieg nicht mehr europazentrisch. Auf höherer Ebene rückt aber Europa wiederum in die Mitte. Alle Kollisionen entstehen aus der spezifischen Energie des europäischen Geistes, und nur diese Energie findet eine Lösung auch der tieferen Spannungen, wie der Ökonomisierung der Kultur, ja der Religion, und der Entqualifizierung der Arbeitskraft. Um sich durch sein Schicksal hindurchzuringen, braucht der Europäer den Raum des ganzen Planeten und die Mitarbeit aller Rassen und Nationen. Von vornherein nimmt er stillschweigend an, daß es in seinem eigenen Interesse liegt, außereuropäische Systeme von Städten, Küstenstrichen, ganze Länder, deren wirtschaftliches und z. T. kulturelles Leben endgültig erloschen schien, mit seinem Arbeitsgeiste »von den Toten zu erwecken«,[47] ihnen die Energie seiner eigenen ökonomisch-gesellschaftlich-politischen Ziele und Formen einzuhauchen.

Ganz gleich, in welchem Land er sich auswirkt, in seinem »auf direkter Zwangsarbeit beruhenden *Produktionssystem*« liegt gegenwärtig die Stärke des Europäers und die werbende Kraft Europas; dieses System »übergipfelt ... an Energie, Maßlosigkeit und Wirksamkeit alle früheren« (Marx).[48] Der »Dämon« des technischen Geistes steckt in ihm und bestimmt das neue Lebenstempo und den neuen Lebensrhythmus des europäischen Menschen: »An die Stelle der einzelnen Maschine tritt hier ein mechanisches Ungeheuer, dessen Leib ganze Fabriksgebäude füllen und dessen *dämonische Kraft*, erst versteckt durch die fast feierlich *gemessene Bewegung seiner Riesenglieder, im fieberhaft tollen Wirbeltanz seiner zahllosen eigentlichen Arbeitsorgane ausbricht*« (Marx).[49] Eine dämonische Kraft des Europäers, deren tiefste geschichtliche und metaphysische Voraussetzung der christliche Glaube an den arbeitenden Schöpfergott, den Gott der großen Massen, ist und bleibt, breitet sich über den Planeten aus. Diese Kraft wirft überall politische, ökonomische, soziale, kulturelle, religiöse Probleme auf, die nur vom europäischen Boden aus, auf dem sie ursprünglich entstanden, gründlich gelöst werden können. Nur in Europa haben sie »sachlichen« Zusammenhang. An der Lösung nehmen in einem künftigen europäischen Bunde auch die Osteuropäer, die Slaven, teil, in denen noch etwas von der urchristlichen Religiosität weiterlebt (vgl. *Masaryk*, a. a. O.) und die die alte »germanisch-romanische Völkerfamilie« nicht nur sprengen, sondern ergänzen und mit unverbrauchter Kraft befruchten. Europa muß die Religion, das Naturrecht und das politisch-positive Recht erst entdecken, das dem neuen Lebensrhythmus zugeordnet ist und ihn »ideell« bestimmt. Die technisch-ökonomische und kollektivistische Existenz des modernen Europäers ist und bedeutet mehr als bloß überall *übertragbare* Zivilisation; sie ist der Vorposten, auf dem ein neues Lebenstempo ausprobiert wird, das wesentlich auch religiös beschwingt sein und das auch in den Geist und Stil künftiger Kunst eingehen wird. In Gestalt der imperialistischen Weltpolitik geht die *Expansion der Intensität voraus*. Sein Recht zur quantitativen Ausbreitung erweist der Europäer erst, wenn er zu seiner ökonomischen Machtentfaltung die zusammenschließende rechtliche und politische Form hinzurfindet. Die »Dinge« sind ausgebreitet und fixiert, es fehlt noch die »*Ordnung der Dinge*«.

ß. *Grundsätzliches über die gesellschaftlich-politische Struktur des »Bundes«*
Ob der gegenwärtige »Genfer Völkerbund«[50] als ein vielleicht vielfach ungeschickter und hässlicher Embryo eines europäischen Staatenbundes

angesehen werden kann, darüber sind die Meinungen geteilt. Briand[51] hob die Entwicklung eines atmosphärischen Bundesrechts hervor. Im Völkerbund habe sich schon eine eigene Überlieferung, eine bestimmte Atmosphäre, ein gewisses Milieu herausgebildet. Die Mitarbeiter werden genötigt, über unmittelbare Egoismen hinweg sich über bestimmte Fragen auf einem gemeinsamen Boden zu verständigen. Der bedeutendste gegenwärtige deutsche Staatsrechtsdenker, Carl Schmitt, kritisiert den Völkerbund im Grunde aus einer Sehnsucht nach einem Bund, der ihm nicht echt genug sein kann.[52] Er führt aus, daß ein Staatenzusammenhang, dem gleichzeitig England und China, Australien und Japan, Deutschland und Frankreich, Norwegen und Äthiopien angehören, nach allgemeinen soziologischen Gesetzen sehr lose bleiben müsse und die einzelnen Mitglieder ungleich erfasse. Die Verschiedenheiten der Kulturkreise, der Rassen und der Religionen müssten zu Gegensätzen führen. Man könnte dazu sagen, daß durch den maßgebenden »Rat« des Völkerbundes die großen *europäischen* Mächte entscheidenden Einfluss haben. Es erhebt sich aber der neue Einwand, daß Rußland fehlt, und daß Universalität ein wesentliches Kriterium des Bundes ist. Was die formaljuristischen Kriterien des »Bundes« betrifft, so zeigt sich der Genfer Völkerbund als ein Mischgebilde:

Die satzungsmäßigen Beschlüsse des Genfer Völkerbundes gelten ohne besondere Ratifikation unmittelbar für alle Mitgliedstaaten. Hier enthält der Genfer Völkerbund ein *Element echter Bundesorganisation*, während er im übrigen kein echter Bund ist, wodurch eine unabsehbare Verwirrung entsteht«.[53] Es fragt sich,[54] ob sich die formaljuristischen Kriterien aufstellen lassen, bevor das einmalige konkrete Bundesgebilde über alle besonderen Schwierigkeiten hinweg und von den bestimmten geschichtlichen Ansätzen her Realität geworden ist. Gewisse Widersprüche muß jeder Bund verdauen, wie der nordamerikanische Bund den Widerspruch zwischen demokratischen Nordstaaten und agrarisch-aristokratischen Südstaaten; wie das Bismarcksche Bundesreich, das gegenwärtige englische und das russische Imperium jeweils einen ganzen Ratten[*schwanz*]könig[55] von Antinomien. Allerdings muß eine *Homogenität* noch *formgebend überwiegen*. Meist wird man diese Gleichartigkeit nicht sofort überschauen, identifizieren und auf eine rationale Formel bringen können. Auf jeden Fall ist – ein zweites Formalkriterium – in einem Bund – wie in jedem politischen Gebilde – eine Grundlage physischer Macht notwendig, die Interventionen ermöglicht, damit die Homogenität aufrechterhalten bleibt. Gleichartig müssen die Mächte, die Mitglieder des Bundes sind, nicht nur in ihrer momentanen Verfassung, sondern vor allem in ihrer geschichtlichen Entwicklungsrichtung sein. Kulturell, gesellschaftlich, ökonomisch, politisch müssen sie ungefähr im gleichen Rhythmus aufblühen, damit kein Glied das andere auffrißt. Die *Gleichartigkeit der Entwicklungsrichtung* scheint unter den gegenwärtigen europäischen Staaten gegeben zu sein; auch auf Grund des Weltkriegsringens ist es nicht gelungen, einen von ihnen zu erobern, und weiterhin vollzieht sich Verfall und Aufstieg (bis in die Inflations- bzw. Deflations-, die Arbeitslosen und Finanzkrisen) in einem gemeinsamen Rhythmus. Die schwierigste Frage ist, worin das immer wieder *Identische in den aufeinanderfolgenden Situationen* liegt. Es liegt nicht mehr in einem »Gleichgewicht«; das kontinentale Gleichgewichtssystem ist mit dem innerpolitischen System des monarchisch-liberalistischen Konstitutionalismus, mit dem Gleichgewicht der inneren Gewalten, endgültig verfallen. Die modernen Mächte, Kartelle und Gewerkschaften, Parteien mit Riesenapparaten, interkontinentale Mächte und moderne Staatenbünde, Diktaturen und Massenbewegungen von Proletariern und Nationalisten auf der Straße, Papismus, interparlamentarische Konferenzen, kontinentaleuropäisches, finanzimperialistisches Machtbestreben, all das liegt jeweils auf ganz verschiedener politischer Ebene, und es fehlt jede Voraussetzung, daß diese Mächte so zusammenkommen, daß sie sich in einem »Gleichgewichtssystem« ausbalancieren. Wilhelm von Oranien und Ludwig XVI. konnten sich noch auf einer einzigen übersichtlichen Ebene in kunstvoller Technik ausgleichen, zwischen dem kontinental orientierten Napoleon und dem englischen Kolonialreich besteht bereits keine Möglichkeit mehr, eine Balance zu halten. Ein künftiger Bund ist nur möglich, indem sich Schicht für Schicht das Zusammengehörige nach Maßgabe der Staffelung aller Schichten zusammenordnet.

Die zukunftsvolle europäische politische Form, die eine Dynamik so übergreift, daß sie sie bestehen, sich auswirken läßt, und die zugleich ein System von Schichten umfaßt, ist die Form der *Demokratie*. Die Monarchie ist universalistisch, ohne differenziert zu sein; sie baut, auf Grund einer absolutistischen Metaphysik, – Gott ist der Weltsouverän – die gesellschaftliche Wirklichkeit superlativisch von einer Spitze her, vom Thron her auf, und die Klassen, Stände, die Beamten, Militärs, Erwerbstreibenden werden nach ihrer Repräsentationsfähigkeit gewertet und gestuft. Die Monarchie ist ohne Elastizität und läßt den Kollektivmächten und Nationen keinen Spielraum zu eigner Entwicklung. Sie partikularisiert und uniformiert, damit nur ihre eigene Absolutheit anerkannt werde;

sie will und sie darf keine Kraftquellen neben sich und außer ihren Grenzen anerkennen, sie hält sich nur, wenn sie Einzigkeit beanspruchen kann. Der ökonomische Imperialismus der modernen europäischen Industrievölker ist ein letzter Ausfluß und eine verkappte späteste Dekadenzform des Monarchismus: Dieser sucht sich noch einmal in der *ökonomisch*-militaristischen Machtsphäre eine Domäne unumschränkter Herrschaft, ein Herrschaftsmonopol, zu sichern.

Wenn Europa – was unsere Meinung ist – seinen Verfall dadurch überwindet, daß es entschlossen auf die antiken Fundamente seiner Religion, Kultur und gesellschaftlichen Verfassung zurückgreift, daß es das Antikische in sich, ohne das Christliche zu zersetzen, wieder zu Ehren bringt, dann wird das antikische politische Formprinzip der Demokratie gegen das christliche der Monarchie die Überhand gewinnen. Die Monarchie entspricht als politische Form dem christlichen absolutistischen, perspektivlos nur auf *ein* Ausnahmewesen und *ein* Recht gerichteten Monotheismus und Idealismus; die Demokratie dem antikischen Polytheismus und Realismus. Der Monarch ist ein *Ideal*, das die gesellschaftliche Wirklichkeit eindeutig und unwiderruflich bestimmt: Erscheinungsform des »höchsten Königs«. Die Demokratie zieht ihre Kraft aus der *Realität* der in sich verschiedenartigen irdischmenschlichen Triebwelt, und sie bietet – »polytheistisch« gelockert – Raum für eine polymorphe Vielheit von Rechten. In der Demokratie wird auf Grund der polytheistischen Metaphysik – die wesentlich auch dem irdischen Schicksalsraum zugewandt ist, »Zutrauen« zur irdischen Existenz voraussetzt und mit sich führt (Hegel) – das alltägliche Leben auch des ärmsten Handwerkers ernst genommen; Gebiete wie Technik und Wirtschaft haben *einen* letzten (wenn auch nicht *den* letzten) Wert. Der Monarch aber hat die Wurzeln seines Wollens und Wirkens in einer unirdischen absoluten Idee, und ebensowenig wie seinen »in Himmelshöhe erhaben thronenden« Herrn und Gott berühren ihn selbst die materiellen Nöte und Interessen der niedrigen irdischen Existenz. Im Dualismus der Monarchie ist das Irdische entweiht und verachtet; und in seiner Eigengesetzlichkeit wird es vergewaltigt. In der Behandlung fehlt »Maß und Ziel«. »Der große Geist *in der Republik*, so Hegel, wendet *alle seine Kräfte, physische* und moralische, an seine *Idee* (Idee, nicht Ideal!), sein ganzer *Wirkungskreis ist Einheit*; der fromme Christ, der sich dem Dienst seines *Ideals* (seines Ideals, nicht einer Idee!) ganz geweiht, ist ein mystischer Schwärmer …« »Den Republikaner überlebte die Republik, und ihm schwebte der Gedanke vor, daß sie, seine Seele, etwas Ewiges sei.«[56]

Demokratie und Monarchie als die beiden politischen Genera dürfen nicht mit demokratischer bzw. monarchistischer *Technik* verwechselt werden. Die Verwechslung liegt nahe, wenn die Genera oder Grundarten verfallen, entstellt und vermischt sind. Die gegenwärtigen großen Demokratien sind aus dem Verfall christlich-europäischer Monarchien entstanden, und dieser Herkunft entsprechend sind sie in ihrem Wesen imperialistisch, nicht demokratisch. Nach Machiavelli und Montesquieu, den erfahrensten, weisesten und weitblickendsten der politischen Denker der neueren Geschichte, ist diejenige Demokratie, die aus einer verfallenen Monarchie, meist als das kleinere Übel, hervorgeht, die schlechteste und verdorbenste. Die Demokratie ist am Platze, wenn sich die Völker verjüngen und die Kräfte ungebrochen sind und nicht im Stadium einer Senilität. Ein Symptom des Verfalles ist, daß man gegenwärtig, polemisch wie propagatorisch, den Wert einseitig, ja z. T. allein auf die Technik der Demokratie legt. Man fragt, ob das Parlament oder ob das Kabinett ausschlaggebend sein soll, ob das Proporzwahlsystem oder das englische demokratischer ist, ob die Stellung des Präsidenten, wie in Amerika, ausnahmsweise stark sein muß usf. Bloße zeitbedingte Praktiken, Notstandsmaßnahmen oder Folgerungen, wie »Mehrheit entscheidet bei der Wahl« verwechselt man, gut oder böswillig, mit der Grundvoraussetzung und Grundentscheidung »Demokratie überhaupt«. Auch die Volksabstimmung gehört zu den Mitteln und Symbolen, zur gesetzten Verfassung der Demokratie; sie ist zugleich, wenn sie den Gesamtausschlag der öffentlichen Meinung erkundet, ein Verfahren, das besonders tief aus dem Wesen der Sache geschöpft und von zentraler Symptomatik für die Verfassungsgrundlagen der Demokratie ist. Der Vorgang selbst bekundet, daß in der Demokratie die Formen (Rechte, Gesetze, darüber hinaus Grundrechte und Institutionen) nicht *vor* dem politischen Leben des Volkes da sind, ihm nicht aus einer transzendenten Sphäre oktroyiert werden können, sondern daß das Volk der schaffende Lebensgrund der Formen ist (Sieyes: »die Lehre vom nichtkonstituierbaren pouvoir constituant«)[57]. Volkes Stimme ist Gottes Stimme, oder, mit Hegel,[58] im Sinne antikischpolytheistischer Staatsphilosophie: »Griechen und Römer waren mit so dürftig ausgerüsteten, mit Schwachheiten der Menschen begabten Göttern zufrieden, denn das Ewige, das Selbständige hatten jene Menschen in ihrem eigenen Busen.« Das »Volk« als realer schaffender Lebensgrund ist aber etwas in sich Vielheitliches, und daß die politische Willenseinheit nicht *vor* der Vielheit und Gegensätzlichkeit der Interessenperspektiven, nicht über die

Köpfe und Sinne hinweg, sondern *von* ihnen *aus* entsteht, gehört zum *perspektivischen* Wesen der Demokratie. Jede Entscheidung ist in sich differenziert. In der Monarchie dagegen gibt es keine eigenberechtigten Perspektiven; der Willensstandpunkt und das Recht des einzigen höchsten Wesens, des Monarchen, steht aus sich selbst heraus fest, wie die göttliche Vorsehung, die durch den Monarchen spricht. Es ergibt sich, daß nur die Demokratie für eine echte Bundesverfassung geeignet ist. Bund und Demokratie ist strukturell dasselbe: Einheit, die die Perspektivität der Interessen der Glieder für voll nimmt, von ihr sich herleitet, in ihr bleibend beruht, sie umschließt und in allen Schichten gegen Vergewaltigungen aufrecht erhält. Interessengegensätze zwischen den Gliedern werden nicht durch Machtspruch von einem unbeteiligten und erhabenen »Oben« her aus der Welt geschafft, sondern sie werden im Sinne der Bundesgesetze, der Gesetze des Bundes, in dem die Gegner zugleich solidarisch sind, geschlichtet. Vom Schlichtenden wird die Partei zugleich als etwas anderes, als Bundesmitglied, erfaßt. Die einheitliche Willensentscheidung geht von den Interessenrichtungen selbst aus, und sie ist gerecht im Sinne einer Rechtsnorm, die für diese und keine anderen konkreten Menschen verbindlich ist. Es ist *ihr* Recht, nach dem sie behandelt werden, ein »heiliges«

überpersönliches, nie person*freies* Recht. Die demokratische Rechtsnorm ist perspektivisch; die monarchische transzendent, absolut, von der Vielheit und dem Gegensatze der konkreten Interessen einer einmaligen geschichtlichen Situation im Prinzip unberührt, *nur* von der absoluten zeit- und raumlosen Idee ausgehend. Insofern, wie gesagt, Europa sich von Asien, dem Ursprungsland der Monarchie, dadurch unterscheidet, daß es klimatisch, landschaftlich, national, gesellschaftlich *perspektivisch* aufgebaut ist, kann nur die Demokratie eines Bundes die übergreifende politische Form sein, nicht die Universalmonarchie eines einzigen Despoten. Die genannten beiden politischen Weisen, Machiavelli und Montesquieu, plädieren aus antikisch-europäischen Gesichtspunkten für die Demokratie:

»*Der Geist der Monarchie ist der Krieg und die Vergrößerung*; der Geist der Republik ist der Friede und die Mäßigung«, führt Montesquieu aus unter der Überschrift: »*Die Bundesverfassung soll aus Staaten von einerlei Natur, hauptsächlich aus republikanischen Staaten* zusammengesetzt sein.«[59] »Wie *die Republiken für ihre Sicherheit* sorgen, indem sie sich *vereinigen*, so tun es die despotischen Staaten, indem sie sich *absondern*.« In der Gegenwart Montesquieus, die heute noch Gegenwart ist, kennzeichnet es den *Monarchen*, daß er »*alle die Kriegsheere auf den Beinen*« hält,

»die er haben könnte, wenn seine Untertanen Gefahr liefen, vertilgt zu werden; und *man nennt Frieden diesen Zustand des Anstrengens aller wider alle*« ... »Sobald ein Staat das vermehrt, was er seine Truppen nennt, vermehren die übrigen geschwinde die ihrigen; so daß man hierdurch nichts gewinnt, als das *allgemeine Verderben*.« Wir Europäer »sind arm bei den Reichtümern und dem Handel der ganzen Erde; und bald werden wir über das viele Soldatenhalten nichts mehr als Soldaten haben und wie Tartaren sein.«[60] Monarchie und militaristische Expansion gehören auch nach Machiavelli wesentlich zusammen. »Es muß also ein Fürst keinen andern Gegenstand, keinen andern Gedanken haben und nichts andres zu seiner Kunst machen als den Krieg und dessen Einrichtung und Führung; denn diese Kunst allein ziemt dem, welcher befiehlt.«[61] Der Waffenrock als Kleidung des Monarchen ist symbolisch. In der Geschichte wurde nach Machiavelli aus inneren Gründen »mehr Menschlichkeit und weniger Unbill von der Republik ausgeübt als vom Fürsten.« Er glaubt, »daß man in den Fällen, wo Gefahr dringend ist, etwas mehr Beständigkeit bei den Republiken als bei den Fürsten finden wird«, und daß auf ein Bündnis mit Republiken mehr Verlaß ist. Eine Monarchie ist wohl auf Zeit *bündnis*fähig, und der Souverän hält die Abmachungen, solange es Gott und ihm gefällt. *Bundes*fähig und bundesbedürftig ist ihrem Wesen nach nur die Demokratie – »Bund« als Dauerinstitution verstanden. Daß ein Staat besteht, der die andern aufreißt und auf seinem Territorium tut, was er will, widerspricht der perspektivischen Struktur Europas. Eine Vielheit von Republiken ist ihr angemessen. Republiken können nicht nebeneinander daraufloßleben, sie haben nach Montesquieu das Bedürfnis, sich zu einer »Gesellschaft von Gesellschaften«,[62] einer Republik von Republiken zu verbünden; und sie müssen sich verbünden, wenn sie Republiken bleiben wollen, weil sonst ein monarchistischer Usurpator die demokratische Staatsform vernichtet. Greift sie imperialistisch über ihre Grenzen hinaus, so zerstört die Demokratie sich selbst: »Erobert eine Demokratie ein Volk, um es als Untertan zu beherrschen, so wird sie ihre eigne Freiheit in Gefahr setzen, weil sie den Obrigkeiten, die sie in den eroberten Staat senden wird, eine zu große Macht anvertrauen wird.«[63] In der einzelstaatlichen Demokratie lebt unwiderstehlich der Trieb, *mehr als eine einzelne* Glieddemokratie, vielmehr eine Demokratie von Demokratien, ein Bund zu sein und über die universale Macht und Schaffenskraft eines abgeschlossenen Reiches mit zu verfügen: »Es hat, nach Montesquieu, demnach sehr das Ansehn, daß die Menschen am Ende würden genötigt sein, allzeit unter der

Regierung eines einzigen zu leben, wenn sie nicht eine Art von Verfassung ersonnen hätten, die alle inneren Vorteile der republikanischen Regierung und *die äußere Gewalt der monarchischen* hat. Ich rede von der *verbündeten Republik*, von dem *Staatensystem*.«[64] Der Bund ist ein »Reich«, ein Imperium, kein »*imperialistischer*« Leviathan. Im *Imperialismus* erhebt sich einer dadurch, daß er die andern niederdrückt, aussaugt und verdirbt; das Imperium dagegen gedeiht nur, wenn alle Gliedstaaten des Bundes aufblühen. »Schleichen sich einige Mißbräuche irgendwo ein, so wird ihnen von den gesunden Teilen abgeholfen.« »Wer usurpieren wollte, würde schwerlich bei allen verbündeten Staaten in gleich großem Ansehen stehen können.«[65] Auf der Bundesverfassung beruhen die von den Europäern erzielten epochemachenden geschichtlichen Erfolge; der Imperialismus entsteht im Verfall und richtet das politische Gebilde zugrunde: »Dergleichen *Verbündungen*«, Einbürgerungen »mehrerer politischer Körper« in einen »größeren Staat«, »waren es, welche den *Staatskörper Griechenlands so lange Zeit in blühendem* Zustande erhielten. *Durch sie* griffen die *Römer die Welt* an, und durch sie allein verteidigte sich die Welt«[66] – im Stadium des *Imperialismus* der Caesaren – »wider sie«, durch die »Verbündungen hinter der Donau und dem Rhein«. Dies sind Grundgedanken über den bündischen Geist der Demokratie, die aktuelle Bedeutung haben: Montesquieu selbst geht auf eine Ordnung des verfallenen europäischen Staatensystems aus, und er lehnt die »Universalmonarchie«[67] als Rezept ausdrücklich ab (vgl. sein Verhältnis zu Ludwig XIV.).

Auch die *besonderen* durchgängigen Eigenarten, die nach Montesquieu und Machiavelli die Demokratie charakterisieren, sind derart, daß sie sie für einen Bund geeignet machen und auf ihn hinführen; die Zentrale unter ihnen ist die »differenzierte Gleichheit«.

Die durchgängigen Eigenschaften von Monarchie und Demokratie hängen im Reiche der Geschichte damit zusammen, daß jene in Verfallsepochen, diese nur in aufstrebenden Epochen groß wird. Metaphysisch gesehen, ist die monarchische Metaphysik die der hodos kato, der niedergehenden Lebensbewegung. Die prototypischen antiken Demokratien entstehen nach Machiavelli in einer Zeit, in der die Religion »nur die Menschen selig sprach, welche weltlichen Glanzes voll waren, wie Führer der Heere und Lenker der Staaten«.[68] Die alte polytheistische Religion flößt den antiken Menschen »Liebe zur Freiheit« ein. Der christlichen Zeit, die »die Welt schwach macht« und »das höchste Gut in die Demut, Niedrigkeit und die Verachtung des Irdischen« setzt, entspricht das Regime der Monarchie. In der Zeit, in der die Monarchie am Platze ist, findet sich auch gesellschaftlich »so viel verdorbener Stoff ..., daß die Gesetze zur Bändigung desselben nicht genügen«. Es gelingt der Monarchie aber nicht, eine Gesundung und einen Aufschwung herbeizuführen, sie ist vielmehr der Anfang vom Ende. Die Römer – Machiavellis europäischer politischer Prototyp – behielten diese *edle Gesinnung* und diese Handlungsweise bei, *solange sie frei* waren; als sie aber dann *unter die Kaiser kamen* und die Kaiser schlecht zu werden und den Schatten der Sonne vorzuziehen anfingen«, da begannen auch sie, sich von den Feinden loszukaufen, »was der *Anfang des Unterganges des gewaltigen Reiches war.*« Nach Montesquieu steht auch in der griechischen Welt die Monarchie im Zeichen des Verfalls: »Das war der Geist der *griechischen Republiken*, sich *mit ihrem Lande*, wie mit ihren Gesetzen *zu begnügen. Alles* ging *verloren, als eine Monarchie* sich erhob; eine Regierungsart, deren Geist am meisten auf das *Vergrößern* gerichtet ist.«[69] Demokratie bedeutet dagegen frische Energie und Aufstieg. »Man sieht, nach Machiavelli, die Städte, in denen *das Volk herrscht*, in *kürzester Frist ausnehmend wachsen*, viel mehr als die, welche immer unter einem Fürsten gestanden haben.« »Daher kommt es, daß eine *Republik* eine *längere*

*Lebensdauer und lä*nger *das Glück* für sich hat als ein Fürstentum, weil sie sich eben der *Verschiedenartigkeit ihrer Bürger* wegen besser als ein Fürst es vermag in die *Zeitverhältnisse schicken* kann. Das »*Gemeinwohl*«, d. h. der bündische gegen den egoistisch-individualistischen Geist, macht die *Staaten groß*; und »dieses Gemeinwohl« wird »*nur in den Republiken gewahrt*«.

Das Wesensmerkmal, auf Grund dessen die Demokratie die politische Form aufstrebenden Lebens ist, wurde schon mit zitiert: Die »Verschiedenartigkeit der Bürger« unter Voraussetzung der »Gleichheit«, »Die wirkliche Gleichheit« ist »die Seele des Staates« (Montesquieu)[70], aber eine differenzierte Gleichheit. Differenzierte Gleichheit ist Gelockertheit – nicht Zerspaltenheit –, Dynamik und immer frische Energie.

Die Differenziertheit ist *nicht* ökonomischer Natur. Die Beibehaltung eines wirtschaftlichen Klassenkampfes und seiner Bedingungen widerspricht dem Wesen der Demokratie. Die Demokratie ist antikapitalistisch. Sie ist es gerade deshalb, weil sie dem Wirtschaftsleben einen grundsätzlichen politischen Wert zuschreibt, während die im Transzendenten verankerte Monarchie, die das nicht tut, über kein Prinzip verfügt, das das Entstehen wirtschaftlicher Machtpositionen verhindert. Auf jeden Fall sind nach Montesquieu »die großen Unternehmungen der Kaufleute allemal notwendigerweise in die öffentlichen Angelegenheiten eingeflochten, und zwar organisch und besonnen nur in die der Demokratien. »Die großen Handelsunternehmungen sind also nicht für die Monarchien, sondern für die Republiken.«[71] Nur in der Demokratie kann man Pläne auf weite Sicht verwirklichen, weil es nur hier »die Natur der Verfassung zuläßt«. Auf Grund der Machtpolitik des Monarchen schwanken die Besitzverhältnisse, und »*vermöge der Verfassung der Monarchien*« sind »die *Reichtümer* daselbst *ungleich* verteilt«. »Die einzelnen Reichtümer haben sich nur vermehrt, weil sie einem Teil der Bürger das zu seinem Unterhalte Notwendige entzogen haben.« Der reiche Pächter macht sich schließlich »zum Despoten über den Fürsten selbst«, »er zwingt ihn, Gesetze zu geben«. In der echten Demokratie aber sind die »Reichtümer gleich verteilt«. Es herrscht der gemeinsame Geist der »Frugalität« als Ausfluß des Geistes der Gleichheit in der ökonomisch-politischen Sphäre. Jeder reiche Bürger wird »in einer solchen Mittelmäßigkeit gehalten, daß er *arbeiten* muß, um zu erhalten, oder zu erwerben.« *Die* Reichtümer, die ihm eine die demokratische Gleichheit zerstörende despotische Macht verleihen würden, fallen dem Staate zu, und in der athenensischen und römischen Demokratie »entstanden« »alsdann« »Pracht und Ueberfluß aus dem Innersten der Frugalität selbst.« Der Bund, nicht das Individuum, genießt die Früchte der Kollektivarbeit, und in der Demokratie entsteht kein Imperialismus. In Machiavellis »Discorsi« finden wir das hohe Lied des demokratischen und des von ihm übergriffenen demokratisch-ökonomischen Ethos. Er preist »die erhabene Gesinnung dieser Bürger«, die Armeechefs des demokratischen Roms, »die an der Spitze eines Heeres in ihrer Größe *sich über jeden Fürsten erhaben dünkten, keinen König, keine Republik achteten, sich durch* nichts einschüchtern und erschrecken ließen, und dann ins bürgerliche Leben zurückgekehrt sparsam und bescheiden wurden, ihr kleines Vermögen verwalteten, den Behörden gehorsam und ehrerbietig gegen ihre Vorgesetzten waren.«[72]

In diesem Zitat wird das Wesensmerkmal des demokratischen Geistes: Gleichheit in der Differenziertheit, mit einem Schlage anschaulich. Die echte Differenziertheit ist also nie ökonomischer Natur. Sie besteht bestimmter einmal in einer epochenüberdauernden Spannung zwischen gegensätzlichen Bevölkerungsschichten; und zum andern im Gegensatz zwischen Regierung oder Führerschaft und Volksmasse. Es handelt sich um Gegensätze *innerhalb* des Volkes, deren Glieder gleichberechtigt und gleich notwendig sind; das politisch Ganze baut sich perspektivisch aus allen Standorten und Stellungnahmen auf. In der Monarchie wird innere Fülle, Gelockertheit und

Dynamik störend empfunden, hier ist der Monarch und sein souveräner Wille der *einzige* Orientierungspunkt. Er allein hält alles in Spannung. Das politische Leben in der Monarchie strebt nach Einsinnigkeit und Uniformität, sie wendet nach Montesquieu, »wie in den schönsten *Maschinen* die Kunst, so wenig Bewegungen, Kräfte und Räder an, als nur irgend geschehen kann«,[73] d. h. die Monarchie, soweit ihre Kraft noch nicht verfallen ist. Die Monarchie kann keine innere Unruhe vertragen, sucht sie auszumerzen, – die Demokratie umgekehrt: »Wenn Rom«, äußert Machiavelli, »die *Ursachen der Unruhen* hinwegschaffte«, hob »es auch die *Ursachen seiner Vergrößerung* auf.« Die Demokratie geht mit den Gegensätzen, sie ist aktiv, gespannt, dynamisch, die Monarchie reaktiv.« *In jeder Republik« herrschen* nach Machiavelli »*zwei verschiedene Strömungen* …, die des Volkes und die der Großen, und *alle Gesetze*, die *zugunsten der Freiheit* erfolgen«,[74] »*entstehen aus der Uneinigkeit* derselben.«[75] Mit der »Verschiedenartigkeit« der »Bürger« und «Gemütsarten« wächst die Chance des weltgeschichtlichen Erfolgs.

Vom Gegensatz zwischen Unter- und Oberschicht, der die Epochen überdauert, ist, wenigstens in einer echten Republik, der Gegensatz zwischen Regierenden und Regierten unabhängig. Ein Staat, »welcher ausrichten will, was Rom ausrichtete«, muß »sein niederes Volk« zu »ruhmwürdigen

Unternehmungen verwenden«. »Auch eine Rücksicht auf das Alter« fand in Rom überhaupt niemals« statt, sondern es wurde »immer die Tüchtigkeit aufgesucht«. Der Tüchtige ist *im* Volk und *durch* das Volk, nicht *von* ihm unterschieden, und er hält es »nicht für unehrenhaft, jetzt dem zu gehorchen«, dem er »ein andermal befohlen hatte«. Der demokratische Regent ist härter und kann härter sein als der monarchistische, er braucht sich keine Anhänger zu erwerben, und er ist ohne Ressentiment. Eine Monarchie hat nach Montesquieu, weil sie nicht auf einem politischen Ethos von Bürgern beruht, auch gar »nicht so viel Zwang nötig«. Sie muß mit Zuckerbrot locken. In der Demokratie ist »die äußerste Subordination der Bürger in Ansehung der Magistrate« aufrechtzuerhalten. In der »wohlgeordneten Demokratie« »ist man nur gleich, insofern man Bürger ist«, und nicht zugleich, insofern man obrigkeitliche Person, Senator, Richter, Vater, Ehemann, Herr ist«.

In der berühmten »Grabrede«, die Machiavelli und Montesquieu zweifellos mit im Auge haben, läßt Thukydides den Perikles sprechen: »Unsere Staatsverfassung ... heißt eine *Demokratie*; weil sie *nicht auf einigen wenigen*, sondern *auf der großen Masse beruh*t. Die Gesetze gewähren in Ansehung besonderer Angelegenheiten einem jeden gleiche Rechte, in Ansehung der *Würde* aber diejenige

Stufe, die ihm *nicht eine gewisse Abkunft*, sondern die *gute Meinung*, die er in einer oder andern Art von *Verdiensten* vor sich hat, sichert. Der *ärmste Bürger*, wenn er nur dem Staat nützen kann, wird durch seinen unansehnlichen Stand nicht gehindert, *zu Ehren und Würden* zu gelangen.« (Geschichte des peloponn. Krieges, 1. Band, 2. Buch, 37).[76] – Später führt Thukydides aus, daß mit der Religion die Demokratie und mit ihr das Völkerrecht und mit ihm wiederum das Ethos jedes Stammes verfällt. »Dies ging so weit, daß kein Mensch mehr auf Religion sah, sondern von demjenigen aufs vorteilhafteste gesprochen wurde, der es am tollsten mache … Solchergestalt brachte dieser Geist der Zwietracht unter den Griechen alle Arten von Lastern in Schwang … « (I, 2. Nr. 83).[77]

Weil sie *in sich differenzierte* Gleichheit ist, ist die Demokratie die Verfassungsform des Bundes, vor allem des universalen Bundes der europäischen Staaten. Die natürlichen Gegensätze gesellschaftlicher und nationaler Art werden politisch eingeformt; und die Kraft des Bundes besteht in seinen inneren Widerständen. In seiner Differenziertheit hat das ganze politische Gebilde sein Relief und seine Physiognomie. Der Dynamik und Schichtung und der Homogenität des Einzelstaates entspricht die Dynamik und Schichtung und die Homogenität im Leben des ganzen Bundes. Eine Universalmonarchie, das Ziel, nach dem die imperialistischen europäischen Einzelstaaten streben, würde die europäische Landschaft veröden, das Menschentum uniformieren und die europäische Geschichte um ihren Sinn bringen.

Die abschließende und die metaphysischen Zusammenhänge mitumfassende Formel für die Antithetik: Demokratie bzw. Bund und Monarchie bzw. Imperialismus wäre nach allem Gesagten:

Die Monarchie entspricht der monotheistischen Metaphysik; dem metaphysischen Egoismus des Weltsouveräns, der keine andern Götter neben sich duldet, entspricht der politische Egoismus und der erobernde Imperialismus des Monarchen, der innerhalb wie außerhalb der Grenzen »seines« Landes keinen andern Monarchen dulden kann. Der Geist der Monarchie ist die *Ausschließlichkeit*, sie ist antibündisch. Der Demokratie entspricht die polytheistische Metaphysik; ihr Geist ist die *Ein*schließlichkeit, sie will innerhalb und außerhalb ihrer Grenzen viele ebenbürtige Kräfte; sie kann nur bestehen, wenn sie viele andere Demokratien neben sich hat, – wie der polytheistische Gott Götter neben sich braucht, ein *bündisches*, kein metaphysisch-egoistisches Wesen ist. Die Demokratie ist »eine Gesellschaft von Gesellschaften« (Montesquieu),[78] wie Gott ein »Gott von Göttern«. Eine politische Renaissance der Demokratie bedeutet zugleich eine religiöse Renaissance der Metaphysik der Antike.

3. Die Europäistik als neue Wissenschaft

Der zunehmend herrschende Stil der gegenwärtigen Lebenspraxis in allen europäischen Ländern ist der Realismus; dadurch, daß sie realistisch ist, bewegt sich die Lebenspraxis auf europäischem Boden, und insofern sie das tut, entfaltet sie eine noch unverbrauchte Kraft. Der Stil der Lebenspraxis ist auch der Stil der philosophischen und wissenschaftlichen Forschung und Gestaltung. In der exakten wissenschaftlichen »Arbeit« ist es leichter, realistisch zu sein, als in der Sphäre des Handelns. Wissenschaft ist Realismus in Reinkultur, wenn auch naiver Realismus (vgl. Husserls Definition der Fachwissenschaft).[79] Die Einzelwissenschaft geht in ihrer Sache auf, ohne auf die weltanschaulichen, strukturgeschichtlichen und geistesgeschichtlichen Voraussetzungen ihres Vorgehens zu reflektieren; gerade, weil es sich so verhält, gerade weil diese Voraussetzungen nur in und mit dem Leistungsvollzug wirksam sind, überzeugen sie von sich selbst. Sie sind mit ihrer Bewährung identisch, es liegt in ihrem Wesen, sich zu bewahrheiten, sie sind nicht eher da, als sie fruchtbar sind; sie gehen darin auf, daß sie sich aktualisieren, sind im Aktualisieren sie selbst. Zwischen Versprechen oder Gebundenheit an höhere Gesetze und Leistung besteht eine ungebrochene Einheit. Läßt sich zeigen, daß ein auf Europäismus gerichteter

Realismus zu den wesentlichen aktuellen Voraussetzungen der modernen Wissenschaft gehört, dann ist damit dargetan, daß dieser europäisch gerichtete Realismus in einer entscheidenden Sphäre modernen Lebens und Leistens existenzielle Wahrheit ist. Der Existenzbeweis gleichsam ist geführt. *Diejenige* Wissenschaft *der* Wissenschaft, die auf die stillschweigend unterlaufende und übergreifende Voraussetzung der Einzelwissenschaften reflektiert, könnte man *Europäistik im engeren Sinne* nennen. Die Einzelwissenschaft selbst als solche darf auf diese ihre Voraussetzung nicht reflektieren, weil sie sich sonst von der schlichten Hingabe an die Sache ablenkt, weil sie sich sonst ihre Arbeit unterbricht. Die Europäistik im *engeren* Sinne ist Europäistik als Strukturlehre; die Europäistik im *weiteren* Sinne wäre der konkrete Gehalt dieser Strukturlehre, den wesentlich die Einzelwissenschaften beibringen, insofern ihre Gehalte in bestimmter Gradabstufung und aus innerer Notwendigkeit europäisch belangvoll sind. Die Europäistik im weiteren Sinne kann auch Zusammenhänge erforschen, die schon bestehende Einzelwissenschaften überhaupt nicht beachten, weil die bestimmte Fragestellung nach den Durchgängigkeiten, den Gehalten und der Entwicklungsgeschichte des *europäischen* Wesens für keine von ihnen für sich selbst entscheidend ist. Wie Slawistik, Germanistik, Romanistik, ist auch Europäistik notwendig. Die Europäistik im weiteren Sinne beobachtet und sammelt; die Europäistik im engeren Sinne geht auf die erkenntnis- und strukturtheoretischen Voraussetzungen zurück und systematisiert.

Wissenschaft ist wesentlich *systematische* Wissenschaft. Der unterschiedliche Sachgehalt, um den sich die Wissenschaft bemüht, stellt sie von vornherein in eine bestimmte Nähe zum Ziel der Systematik oder in eine bestimmte Entfernung von diesem Ziel. Die Mathematik scheint im *Konkreten* sogleich das Allgemeinste zu erfassen, während z. B. die Sprachwissenschaft nur in mühsamer Verallgemeinerung zu allgemeingültigen Schlüssen gelangt, und während die Geschichtswissenschaften höchstens ein System von Methoden ausbilden, aber eine Systematik im Ziel, ein System des geschichtlichen Kosmos kaum zu fordern wagen. (Vgl. *Theod. Litt*; Geschichte und Leben).

Die Europäistik wird herausstellen, daß jede Wissenschaft jedes Allgemeingültigkeitsgrades ein notwendiges Verhältnis zum Europäischen hat. In verschiedenster Beziehung ist *die* Stufe der Betrachtung, auf der, wenn auch unbeabsichtigt und uneingestanden, das Europäische an den eigenen Sach- und Wirklichkeitsbeständen wesentlich ist, ein unvermeidliches und in sich wichtiges Provisorium auf dem Wege fachwissenschaftlich-systematischer Verallgemeinerung.

Eine Voraussetzung *der* Voraussetzung ist darin gegeben, daß tatsächlich die personalen, beziehungsweise gesamtpersönlichen (institutionellen) Träger unserer Wissenschaften Europäer oder europäische Kolonisten (wie die Amerikaner) sind. »Wissenschaft überhaupt« ist ein typisch europäisches Gewächs (vgl. Hegel über die Vorsokratiker und Griechen überhaupt).[80] Eine Wissenschaft vom hohen Allgemeingültigkeitsgrad der Mathematik ist in ihrer Geschichte immer dadurch allgemeiner geworden, daß die Kulturen (griechische, griechisch-arabische, barocke, positivistische, moderne Kulturepoche), die Nationen, und daß außerdem ganz heterogene typische Individualitäten an der Erschließung der Gebiete und in der Formulierung der Wahrheiten arbeitsteilig zusammenwirkten und -wirken. – Die jüdischen, arabischen, ägyptischen, türkischen Mittelmeergebiete gehören zu »Europa«, wie die Mittelmeergebiete überhaupt; vgl. einen Ausspruch des Generals Mangin: »Europa hört erst in der Sahara auf«.[81] – Eine speziellere, für die gegenwärtige europäische Lage kennzeichnende Voraussetzung *der* Voraussetzung besteht darin, daß nicht nur »Wissenschaft überhaupt« etwas ursprünglich und typisch Europäisches ist, sondern daß auch die gegenwärtige *Neugeburt* der Wissenschaft nur auf die Spannungen des *europäischen* Lebens, und zwar in der Periode der

Weltkriegskrise, zurückgeführt werden kann. Innerhalb der Durchbruchgeneration, von der früher die Rede war,[82] entsteht, soweit sie ihr Leben der Wissenschaft widmet, ein neuer wissenschaftlicher Geist. Die Wissenschaft reinigt sich von klassenmäßigen und chauvinistisch-moralistischen Vorurteilen und den Folgen von Verhetzungen; sie schüttelt den Alpdruck der positivistischen Pseudometaphysik von sich ab und sie emanzipiert sich von der Dienstbarkeit gegenüber der Technik, zu der sie sich – »positivistisch« und »pragmatistisch« – selbst verpflichtete. Sie kümmert sich nicht mehr darum, ob ihre Folgerungen bequem sind, irgendeiner Kirche, einem Regime, einer Mentalität angenehm; ob sie die Ruhe des saturierten Bürgers stören und ob man erwartet, daß sie gewisse Dinge, wie den modernen Nihilismus, gar nicht sieht oder wenigstens unterschlägt. Die Wissenschaft lebt nicht mehr von Gnaden eines Einzelstaates, von ihm ausgehalten als eine kulturelle Dekoration seiner Roheit, und moralisch verpflichtet, ihn geschichtlich und systematisch zu verherrlichen, ihm bei der Ausmusterung und Tüchtigerhaltung der Industrie- und Armeesoldaten und Beamten zu helfen und selbst ungefährlich zu bleiben. Die Wissenschaft hat ihr Ethos in sich selbst. Wenn sie mit diesem Ethos für Europa spricht, dann umso besser für »Europa« – *vor* ihrer Leistung

»moralisch verpflichtet« ist sie auch dazu nicht. Das realistische Ethos ist das Ethos des lebendig Tätigen; die Gesinnung entsteht und wächst erst *mit* der Leistung.

Die Voraussetzung *der* Voraussetzung ist universalistisch und typologischer Art: Die Wissenschaft ist als solche ein typisch europäisches Gewächs. Die *einfache* Voraussetzung betrifft unmittelbarer den Leistungsvollzug der einzelwissenschaftlichen Arbeit. Innerhalb dieses Vollzuges stößt der Arbeitende notwendig auf Sachgehalte und Durchgängigkeiten, die in verschiedener Gradabstufung *europäisch* belangvoll sind und die ihn als solche dem eigensten Ziel der Allgemeingültigkeit näherbringen.

Es handelt sich um Bestände, die erstmalig, in typischer Reinheit, in ausgebildeter oder zukunftsvoller Form, in einer instruktiven Exponiertheit, epochemachend, bahnbrechend oder in einer zentralen Stellung nur und gerade im europäischen Bereich hervortreten. Um jedes dieser »europäistischen« Gegenstandsgebiete kristallisiert sich jeweils die einzelwissenschaftliche Arbeit, weil es besonders ergiebig an weitgespannten, fruchtbaren Gesichtspunkten, besonders maßgebend für den Bereich dieser Wissenschaft ist, weil von ihm aus sich alle Fragen aufrollen lassen. Auf solche Kernfragen europäischen Charakters stoßen die Wissenschaften zugleich, indem sie in reduktiver Methode, strukturanalytisch, nach Durchgängigkeiten suchen. Einige Beispiele moderner wissenschaftlicher Fragestellungen aus verschiedenartigen Sphären seien nebeneinandergestellt: Das Dekadenzproblem in der Medizin und Kulturkunde und die europäische Krise. Der europäische Kommunismus und Faschismus als Problem der Rechtskunde, Politik, Soziologie. Der moderne Kapitalismus in Europa als Problem der Volkswirtschaft, Politik, Geschichte. Die öffentliche Meinung (Soziologie). Das Geld (Soziologie, vgl. Simmel).[83] Naturvölker und Kulturvölker (Soziologie). Masse und Geist (Tillich, Soziologie). Berufskrankheit und Vergnügungsfähigkeit in der modernen europäischen bürgerlich-kapitalistischen Zivilisation als Gegenstand der Medizin (vgl. v. Weizsäcker). Patriotismus, Nationalismus und Ethik (Ethik, Pädagogik). Wehrmacht und Sozialdemokratie, Kunst und Politik, Christentum und Krieg. Klassenkampf und christliche Ethik (Troeltsch). Der jenseitige Gott und die Eigengesetzlichkeit der Kultur (dialektische Theologie). Stammesbedingtheit und universale Form des Kunstwerkes. Die soziologische Bedeutung der Nationalität (vgl. Verhandlungen des 2. deutschen Soziologenkongresses, Tüb. Mohr 1923). Als Beispiel, daß die europäische Fragestellung auch für die Naturwissenschaft maßgebend sein kann: *V. Hehn, Kultur-*

pflanzen und Haustiere in ihrem Übergang von Asien nach Griechenland und Italien sowie in das übrige Europa.

Ein sehr instruktives Beispiel aus der modernen Pädagogik führt Gertrud Bäumer aus. Eine Erscheinung, die nur in europäischen Ländern – und zwar in allen, dabei noch unter den verschiedenartigsten Regimen – in ursprünglicher Gestalt und maßgebender Auswirkung vorkommt und die zugleich im Brennpunkt der modernen pädagogischen Entwicklung steht, für sie symptomatisch, ist die »Arbeitsschule«. Sie entsteht aus einem gemeinsamen Kampf des »Abendlandes«. Die Aktivität der ganzen Persönlichkeit soll sich ausbilden. Die Namen der Institutionen sind bezeichnend: Produktionsschule (Rußland); école active; Selbstrealisation (England); Arbeitsschule, Einheitsschule (»école unique«).[84]

Auch wenn man es mit übergreifenden Wahrheiten zu tun hat, kann man das Europäische nicht überfliegen. Selbst der Philosoph muß wissen, wie der Europäer überpersönliche Wahrheiten erfaßt, um urteilen zu können, was für ein vernünftiges Wesen überhaupt gilt. Das »Europäische« ist eine Art konkretes Apriori. Der europäische Bereich ist *eine* letzte Ruhestation für den Erkennenden: Erst dieser Bereich, nicht schon der nationale, ist entwicklungsgeschichtlich, soziologisch, politisch, metaphysisch, in seinen Spannungen, Nöten und Aufgaben *universal,* ein geschlossenes Universum, das sich aus sich selbst heraus erfassen läßt, das in Lebenspraxis und Wissenschaft auf seine eigenen Kraftreserven und Fundamente zurückgreift und das mit seinem eigenen Material und seinen eigenen Ideen auskommt, wenn es etwas baut – ein Mikrokosmos der Kontinente.

Briefe

1. Hugo Fischer an Thomas Garrigue Masaryk vom 23. Mai 1928

Hochverehrter Herr Präsident,
Mit gleicher Post übersende ich mein letztes Buch: Erlebnis und Metaphysik.[85] Es enthält die methodische Leitidee meiner Auffassung des philosophiegeschichtlichen Kosmos. Soweit es das Thema erforderlich macht, werden auch werttheoretische und geschichtsphilosophische Prinzipien geltend gemacht.

Im Moment bin ich ganz erschüttert von der unerwarteten Nachricht, daß Max Scheler gestorben ist.[86] Er ist unter den gegenwärtigen der einzige wirklich schöpferische deutsche Philosoph. Es ist mir, als ob die Oede um uns zunimmt, da diese Persönlichkeit nicht mehr mit uns fühlt und nicht mehr mit immer gegenwärtigem Geiste selbst ringend, das philosophische Ringen und seine verborgenen Ziele und Leiden versteht. Hatte er etwas vom Schauspieler, so entrichtete er dem Geiste der Zeit den nicht ausschlaggebenden Tribut. Das Schicksal eines Menschen muß uns ergreifen, der um der höchsten Probleme willen seine Kräfte verzehrt, und um den es, mitten auf der Bahn, so plötzlich und so sinnlos, ein für allemal Nacht wird.

Am 8. Mai erhielt ich von ihm einen Brief, der nun wie eine Reliquie in meinen Händen ruht. In diesem Falle wird Sie die Abschrift interessieren:

»Sehr geehrter Herr Kollege! Erst heute macht es mir zeitweilige Krankheit und Arbeitsüberlastung möglich, Ihnen für die Uebersendung Ihres Hegel-Buches[87] zu danken, in das ich schon einigermassen eingedrungen bin und dessen eigenartige Problemstellung mich sehr gefangen genommen hat. Ihren Aufsatz, den Sie mir zu übersenden versprachen, erhielt ich noch nicht. Ich bin sehr gerne bereit, Sie gelegentlich zu empfangen und mit Ihnen über philosophische Dinge zu sprechen, wenn Sie Ihr Weg einmal über Frankfurt (wo ich jetzt wirke), führen sollte. Ich lese hier zur Zeit ein Kolleg über ›Erkenntnistheorie der Metaphysik‹ und hoffe, im Winter, für den ich Urlaub nahm, meine ›Anthropologie‹ vollenden zu können. Die von Ihnen herausgegebene Zeitschrift[88] werde ich für das Semester abonnieren, wenn sie nicht schon abonniert ist. In ausgezeichneter Hochachtung Ihr ergebener Dr. Max Scheler.«

Anfang Mai erscheint bei Reichl,[89] das er eben noch druckfertig machte: Die Stellung des Menschen im Kosmos.[90] Ich selbst komme mit meinem neuen Buche[91] über Nietzsches Revolution der Metaphysik gut vorwärts. Soweit es das Thema erlaubt, handelt es sich zu Gleich um eine Kritik des Verfalls im »Deutschen Reich«.

In dankbarer und verehrungsvoller Hochschätzung, zugleich
im Namen meiner Frau[92]
Ihr ergebenster *Hugo Fischer*

2. Hugo Fischer an Thomas Garrigue Masaryk vom 16. Juni 1928

Hochverehrter Herr Präsident,
In einigen Worten wollte ich, zugleich Rat erbittend, auf meinen Entwicklungsstand eingehen. Die Linie ist im ganzen die, dass ich mit unsäglichem Kraftaufwand von der Mystik zur Wirklichkeit, zu unserer Gegenwart mit ihren Nöten dringe. Die Mystik liegt den deutschen Philosophen von Leibniz, Hegel bis zu Nietzsche im Blut. Den Weg den Universitätsphilosophen klarzumachen, misslingt immer wieder, weil sie parteilich und schulmässig voreingenommen sind. Scheler, der im Begriffe war, auf mich einzugehen, mit liebevoller Schätzung einzugehen, ist mir hinweggestorben. Am meisten haben mir Philosophen zu bieten, die im Lichte des Tages wirken und von DA AUS den Zugang zum Transzendenten, zur Religion, haben, wie sie, wie zuerst Karl Marx, wie in Deutschland zuletzt Walther Rathenau. Ich halte Rathenau für einen der wenigen überlegenen wirklichen, d. h. schöpferischen die Zukunft vorwegnehmenden und mitgestaltenden deutschen Philosophen. Doch wem darf man das in Deutschland sagen, seit Troeltsch, Max Weber

und Max Scheler gestorben sind? Die Lektüre der Schriften Rathenaus ist unendlich lehrreich und fruchtbar. Praxis und Idealismus sind ihm eins; als einer, dem die Lebensfragen und Gebilde der Gegenwart durch und durch aus eigner tätiger Anteilnahme vertraut sind, bezieht er jeden Begriff mit innerer Notwendigkeit auf das ›Transzendente‹. »Wir sind da zur Verklärung des Göttlichen aus menschlichem Geiste« (W. W. 3, 366).[93] Wie Sie spricht er von der »Weltrevolution«[94] (W. W. 5, 456) und dem Wandel der Wertungen.

Einflussreiche Professoren, wie Spranger, Krueger (der sich meiner mit sprunghafter Sympathie annahm, als ich mich als Student im Wundtschen Institut[95] anmeldete), Litt, Joël, halten meine Aussichten innerhalb der akademischen Karriere für durchaus günstig. Ich weiss nicht, ob es, vom weltmännischen Standpunkt gesehen, nötig ist, dass ich diesen Erwartungen einmal mit einer schulmässig-routinierten Arbeit entgegenkomme?, mit einer nach dem üblichen zopfigen Stubengelehrtenrezept hergestellten, z. B. philosophiegeschichtlichen Monographie?

Jedenfalls publiziere ich erst das Nietzschebuch.[96] Dass mit dieser vorläufigen Bekundung meine Lebensansicht selbst verstanden wird, bezweifle ich.

Wir leben staatlich, sittlich, künstlerisch, zwischenstaatlich, religiös, gesellschaftlich in einer

Sturm und Drangzeit, einer ›Weltrevolution‹. Wie wäre es möglich, dass echt beteiligtes Philosophieren noch erfolgt wie vor dem Kriege, dass es außerhalb dieses Stromes sich vollzieht? Wenn die jetzige Generation mutig zu sich selbst steht, dann muss sie, wie Ed. Spranger (1922: Der gegenw. Stand der Geisteswissenschaften und die Schule)[97] hervorhebt, verschiedenes, darunter auch Wertvolles, als überholten Ballast über Bord werfen. Wer etwas Neues ergreift, muss er nicht begeistert sein, und ist es nicht ein gutes Zeichen, wenn er in seinen Aeusserungen den Ueberschwang nicht verleugnen kann? Gerhart Hauptmann sagt von unsrer Uebergangsepoche (Der Narr in Christo, S. Fischer 1910, S. 94: »Es kommt von Zeit zu Zeit über die alte Welt ein Verjüngungsgefühl, verbunden mit einem neuen oder erneuerten Glauben, und gerade zu jener Zeit, um das Jahr '90 vergangenen Säkulums (N. B. mit diesem Jahr beginnt die noch dauernde Periode revolutionärere Dichtung, die von Nietzsche und Marx und den Russen und Nordländern beeinflusst ist), schwamm neuer Glaube und Frühlingsgefühl in der deutschen Luft. Es war ein Rausch …« Ich bin überzeugt, dass ein Mensch, wirke er als Politiker, Philosoph, Künstler, in dem keine Begeisterung steckt, für eine solche Epoche verloren ist! Allerdings muss man die blos trübe Gärung und die Verantwortungslosigkeit unreifer junger und alter

Demagogen bekämpfen, die den in die Erscheinungen eindringenden Geist verdächtigen. Wie sich denkerische Kraft und Enthusiasmus in einer Krisenzeit durchdringen müssen, das finde ich treffend von Rathenau formuliert (W. W. 3, 26 und 62). »All unser Tun hat etwas Seherisches, denn jeder Schritt trägt in die Zukunft«.[98] Bedingung dafür, dass Trügerisches verrinne und das Rechte sich verkläre ist, »dass der Fuss nie den Boden, das Auge die Gestirne nie verliere«. »Darin gleicht sich der gesunde Vorschlag des Geschäftsmannes und der Schlachtruf des Propheten, dass ein zwingend Notwendiges fühlbar wird, dass im Geiste nachklingt und tönend anwächst. Auch hier gilt kein Beweis; sondern Intuition erzwingt Einfühlung, Geschautes wird greifbar. So bürgt für das Ziel das Herz, das gewissen für den Weg«.[99] Die Generation unsrer Uebergangszeit verachtet die Reife nicht, sie verachtet nur die überalterten verkalkten Formen des alten Staates, der alten politischen, kirchlichen, konventionell-gesellschaftlichen und wissenschaftlichen Autoritäten, die als DAS Reife an sich hingestellt wurden (kaum noch werden). Wir wollen zur Reife bringen und reif haben, was wir *in uns* tragen, ein neues Verhältnis zum Europäischen, zum Arbeiterstande, zur Frau, zum Göttlichen, zur künstlerischen Selbstdarstellung unseres Gesamtlebens. Dass etwas Abgeleitetes *reif* war, und dass etwas Beginnendes *noch nicht* reif ist, ist kein Einwand dagegen, dass das Beginnende rechthabe. Während das Leben wächst, gewinnt es auch die Mittel, sich durchzuorganisieren. Die Fehlgriffe, die unterlaufen, wenn man Neues ausprobiert, sind wichtig und fruchtbar, während die Erfolge, die man erzielt, wenn man längst gelöste Probleme noch einmal beantwortet, menschlich nur mehr bedeutungslos sind. Verdirbt man sich nicht selbst seinen Charakter und übt man nicht Verrat an sich selbst, wenn man aus den äusserlichen Gründen der Karriere einmal nach dem alten Rezept arbeitet, oder muss man diese Frage der Praxis unbefangener ins Auge fassen? Soll ich nach dem Abschluss der Nietzschestudien Konzessionen an den noch herrschenden Geschmack machen und eine Arbeit mithilfe der eingefahrenen alten Praktiken schreiben, um mich der Zunft als in Betracht kommender Ordinarius geschäftlich zu empfehlen?

Verehrungsvollste Empfehlungen auch von Seiten meiner Frau
Ihr ergebenster *Hugo Fischer*

Anhang

Nachwort der Herausgeber
EUROPA *als Heterotopie nach den Reichsverlusten in Europa*

Europa ist durch Deutschland *gefallen; durch* Deutschland *muß es wieder emporsteigen.*
Friedrich von Gentz*

Als die Sonne von Austerlitz aufging, da ging das Deutsche Reich unter; das *Heilige Römische Reich* (*Sacrum Imperium Romanum;* seit 1496 *deutscher Nation*) war am Ende und wurde am 1. August 1806 aufgelöst – und damit war »das politische Gleichgewicht Europas, dessen Stützpunkt das Reich gewesen, vernichtet.[100] – Das war einer der »trostlosesten Zeitpunkte, den Deutschland jemals erlebte«[101], und hatte fürs deutsche Selbstverständnis über *Staat, Nation* und *Volk* natürlich unterschiedlichste Konsequenzen, denn: »Das Heilige Römische Reich war eben bis zu seiner gewaltsamen Beseitigung auch ein europäischer Herrschaftsverband.«[102]

Ziemlich deutlich schien mit den napoleonischen Kriegen für viele nationale Gemeinschaften jetzt eine neue europäische Perspektive in

Sicht zu kommen, aber August Wilhelm Rehberg (1757–1836), Philosoph und Politiker aus Hannover, brachte das Problem mit dem europaweiten *Neuen Recht* aus Paris – dem *Code Napoléon* – auf den Begriff, als er schrieb: das sei natürlich daraufhin angelegt, »die großen Zwecke der Revolution zu befördern; die gänzliche Vernichtung aller bisher bestandenen Sozialverhältnisse unter den Menschen und die grenzenlose Ausdehnung der Herrschaft des Französischen Volkes.[103]

Eine übergreifende Frage aber für die Deutschen – »und Deutschland – mit Recht das Herz Europas genannt!«[104] – war: Was bliebe dem Deutschen? Und als unmittelbare Reaktion (schon 1809) der Imperativ: »Weg mit dem elenden Gedanken, der Teutsche habe kein Vaterland!«[105] – Einige ›befreiungskriegerische‹, patriotische Gruppierungen in Deutschland, namentlich antinapoleonische studentische Kreise – *Teutomanen* oder *Teutodemagogen* nannte sie Friedrich v. Gentz, also jene, die »unsere Geschichte der Freiheit jenseits unserer Geschichte in den teutonischen Urwäldern (suchen)«[106] – nahmen nun den Verlust des Reichs nicht nur als Klage, sondern vor allem als neue Chance auf. Denn, wie ihr Programmatiker Karl v. Hase (1800–1890), aus der Leipziger Burschenschaft, einmal betonte: »Das deutsche Reich, das ja nichts Deutsches mehr hatte, musste stürzen!« bzw. »Das heilige, römische Reich war längst verschieden, als das Gerippe des tausendjährigen Reichs, mit dem Gedanken einer Oberherrschaft über die ganze Christenheit.«[107]

Das wurde auch von Hegel ganz ähnlich empfunden, als er schrieb: »Deutsche als Volk verschwunden – waren nur Nation.«[108] Franz Rosenzweig erklärt das so: »›Volk‹ versteht Hegel damals etwa im Sinne von Staatsnation, im Gegensatz zu ›Nation‹, die ihm Kulturnation bedeutet. Dieser Sprachgebrauch schlägt eine Brücke [bei Hegel] vom Staatsbegriff der ›Kritik der Reichsverfassung‹ zu dem des ›Systems‹ [der Sittlichkeit]. Hier wie dort ruht der Staat nicht auf der ›Nation‹ – die vielmehr Volk und Staat überleben kann –, nicht auf dem ›Volksgeist‹ der historischen Schule, sondern auf dem ›Volk‹.«[109] – Dagegen gab es aber auch literarische und philosophische Stimmen, die nach dem Reichsverlust gerade nicht einem vaterländisch-(deutsch)nationalen Aufbruch das Wort redeten. – Die konnten sich auf Notate von Goethe und Schiller (in den *Xenien*) berufen, in denen betont wurde:

»Zur *Nation* euch zu bilden, ihr hofft es, Deutsche, vergebens:
Bildet, ihr könnt es, dafür freier zu Menschen euch aus.«[110]

Deshalb eben nennt Nietzsche dann »*Goethe* — kein deutsches Ereigniß, sondern ein europäisches: ein grossartiger Versuch, das achtzehnte Jahrhundert zu überwinden«.[111]

I

Ghibellinische Perspektiven
Die metapolitische Hoffnung für Deutschland war: »Aber noch ist das feste Land zu erreichen. Es heißt: Europäischer Völker-Staat.«[112] – Und als der Historiker Johann Gustav Droysen (1808–1886) seine *Geschichte der preußischen Politik* (1868) veröffentlichte, kurz vor der *nationalstaatlich* definierten preußisch-deutschen Reichsgründung, da erinnerte er bei der Darstellung des Säkulums der Hohenstaufen-Dynastie neu an den alten Traum vom Reich, den er jetzt die *ghibellinische Idee* nannte: – »immer über das, was später Territorialstaat hieß, kraftvoll und schöpferisch hinausgreifend«.[113]

Damit hatte Droysen eine große zivilisatorische, literarische und künstlerische Blütezeit für Europa evoziert, von der in späteren dramatischen Zeiten Alexander Graf Schenk von Stauffenberg hervorhob: »Der Gedanke der Einheit und Brüderlichkeit des Menschengeschlechts jenseits aller Unterschiede von Rasse und Nation [muß] uns als Vorstellung […] der hellenistisch-römischen Geistigkeit als Entdeckung Zenons«[114] in Erinnerung bleiben. Droysen konnte dann auch entsprechende philosophische, literarische und staatstheoretische

Leistungen seiner deutschen Zeitgenossen für Europa aufrufen – von Novalis, Friedrich Schlegels Zeitschrift *Europa* (1803) über Friedrich v. Raumer (1781–1873) mit seiner sechsbändigen *Geschichte der Hohenstaufen* bis hin zu Christian Dietrich Grabbes (1801–1836) *Hohenstaufendramen*, in denen »Deutschland das Herz Europas ist«[115], Karl Immermann (1796–1840) und Friedrich Hebbel (1813–1863).

Hier wurde immer eine übernationale, eben an eine Reichskonstellation erinnernde Dimension für eine neue deutsche politische Herrschaftskultur geltend gemacht. Das wurde schon unmittelbar nach dem Sturz Napoleons in Deutschland bedacht, nämlich: als »der Gedanke eines Europäischen Rechts Bundes, der [...] in der seiner eigenthümlichen freyen Natur gemäßen Rechts Sphäre, die größtmögliche Entwicklung seiner Kräfte aller Art erlaubte«.[116]

Auch für frühe antinationalistische Autoren wie Moses Hess etwa schien klar zu sein, dass mit einem vaterländisch-nationalistischen Impetus »von Deutschland ... für die *nationale* Wiedergeburt der Völker nichts zu hoffen [ist]. Dieses Problem, welches [...] seit der ersten großen französischen Revolution eine weltbewegende Lebensfrage wurde [...] wird doch hier von fast allen Farben und Schattierungen der Demokratie [...] als ›Nationalitätsschwindel‹ verhöhnt.«[117]

***

Der erste namhafte deutsche Denker, der historisch wie inhaltlich-systematisch auf den *ghibellinischen* Traum hinwies, war Novalis. Seine *Christenheit oder Europa* blieb, als sie 1799 geschrieben wurde, lange ungedruckt. Zum ersten Mal publiziert wurde dieser Text 1826 – erst in der vierten erweiterten Ausgabe von Novalis' Schriften.

Hier projektierte Novalis eine mythische Konstruktion Europas – die sich aber nicht im (religionshistorischen) Blick ›nach hinten‹ erschließt, sondern ganz im Gegenteil sozusagen die Neuorganisation der geistlichen wie auch der politischen Welt erfordert. Sie muss in sich alle »Schätze der Wissenschaften« aufnehmen und was »in Europa verloren war […] in den andern Weltteilen, in dem fernsten Abend und Morgen vielfach wieder zu gewinnen«[118] suchen. Das darf man sich aber nun ganz und gar nicht als eine bloß ideelle, geistige Bildungsarbeit vorstellen, sondern das bedarf einer neuen praktischen, welterschließenden Arbeits-, Sprach- und Herrschaftskultur.

Hier darf man bei Novalis gewiss eine universal-geistige Gestalt im Hintergrund vermuten, die Nietzsche später einmal den »*ersten* Europäer nach meinem Geschmack«[119] nennen wird, und mit deren dramatischer Lebensgeschichte Novalis seinerzeit bei dem Historiker Karl Wilhelm Ferdinand von Funck (1761–1828) bekannt geworden ist: dessen 1792 veröffentlichte *Geschichte Kaiser Friedrichs des Zweiten*. – So gehört Novalis' *Christenheit oder Europa* in die Vorgeschichte eines humanistisch-poetischen Mythos von Europa – der sich dann im XX. Jahrhundert nochmal bei Stefan Georges und seiner Vers-Gestalt des *Geheimen Deutschland* (in seiner Europäizität) wiederfindet.

Um das zu erzeugen, muss Novalis alle Erwartungen, mit antiken Mythen *Goldene Zeitalter* nachahmen zu können, überwinden. Und so notiert er sich die »sonderbare Natur meines *politischen Romans*. Sichtbarer Naturzustand – unsichtbare Monarchie.«[120] Was heißt das? Novalis erlaubt sich eine transzendental-poetische Konstruktion für die Polis. – Gleichwohl: Dem bloß politischen Auge erschließt sich der poetische Zauber des Novalis nicht. Man könnte hier *antipolitische* Dispositionen vermuten, denn: »Der Kreis der Romantiker setzt sich zum großen Teil aus antibürgerlich gestimmten Großstadtkindern und antihöfisch gestimmtem Landadel zusammen und sucht zur Bildung einer neuen Gesellschaft zu gelangen.«[121]

Zugleich eröffnet sich dabei für Novalis im originären Volksgeist der Christenheit die entscheidende integrative Disposition der mittelalterlichen Welt für das künftige Emporstreben aller menschlichen Kräfte. Er bemerkte hier »eine erste Liebe, die im Drucke des Geschäftslebens entschlummerte, deren Andenken durch eigennützige Sorgen verdrängt, und deren Band nachher als Trug und Wahn ausgeschrien und nach spätern Erfahrungen beurtheilt, – auf immer von einem großen Theil der Europäer zerrissen wurde«.[122] – Und hier wäre der Fokus eben auf Ghibellinen Friedrichs II. zu richten, der lange als »das Ungeheu'r der Offenbarung«[123] zu gelten hatte. Der aber, auch während der Jahre seiner beiden Exkommunizierungen (die letzte bis zu seinem Tod), »im höheren Sinne immer noch Christ blieb und um des Verwerfens einzelner kirchlicher Formen willen, keineswegs dem Judenthume oder dem Mohamedanismus näherstand oder gar in einen geistlos gleichgültigen Unglauben hineingerieth«.[124] – Und in diesem Sinne, als »Idee eines gereinigten, idealen Katholizismus«[125], entwarf dann Karl Immermann, zwei Jahre nach dem Erstdruck von Novalis' *Christenheit oder Europa*, sein Ideendrama *Kaiser Friedrich der Zweite* (1828); und auch hier »feiert es den Sieg des allumfassenden Geistes des Katholizismus, in der Diktion eigenartiger als die stark von Schiller beeinflußten beiden Teile der *Alexistrilogie* [1829/31]«.[126]

Novalis' *Europa*-Fragment musste begriffen werden als eine Modifikation der Reichs-Idee angesichts ihres praktischen Zusammenbruchs (den er – ein paar Jahre später – schon selber nicht mehr erlebt). Aber hier bei Novalis wurde »zum ersten Mal öffentlich in deutscher Sprache von der Vision einer europäischen Gemeinschaft«[127] gesprochen. Oder, wie das Novalis selber sagt: »Die neuere Politik entstand erst in diesem Zeitpunkt, und einzelne mächtige Staaten suchten den vacanten Universalstuhl in einen Thron verwandelt, in Besitz zu nehmen.«[128] Der hier angedeuteten bonapartistischen Praxis für eine neue Raumordnung steht – als ihre (deutsche) transzendentale Poesie – diese ›Europa‹-Idee zur Seite. So wird man den Text innerhalb der neueren Theoriegeschichte der Politik als einen ihrer frühen reichs*politischen* Kontrapunkte begreifen können. Denn das aus den politischen Koordinaten der Zeit herausfallende »Friedensreich steht [anti]politisch im Zeichen der Akratie, der aufgehobenen Staatlichkeit, zugunsten des organischen Zusammenhangs der von Vormundschaft befreiten gesellschaftlichen Elemente«.[129] Oder, in den Worten von Rodolfo Bottacchiari (1885–1952): »Novalis cerca nel medioevo l'unità piritual europea, mentre accanto a queste aspirazioni si leva, non senza profondo significato, il rimpianto per quanto non si ha più.«[130] Und als neue geistige Verfassung für die Deutschen bleibt von dieser ersten modernen ghibellinischen Inszenierung die Einsicht: »Deutschheit ist Kosmopolitismus mit der kräftigsten Individualitaet gemischt.«[131]

Damit ist »der Lieblingsgedanke der Frühromantik« ausgesprochen, nämlich »daß das Wesen der Individualität nicht auf das menschliche Individuum beschränkt sei, daß man sie überall in Geschichte und Natur finden könne«.[132]

Auch das ist gerade für die Deutschen europaphilosophisch rezipiert worden, nämlich, »daß Cosmopolitismus und Patriotismus, beyde mit Unrecht verschrien und einander entgegengesezt werden [...] da sie doch in jedem verständigen, rechtlichen Mann sich begegnen und einander durchdringen«.[133]

***

Gleich anfangs seines *Grundrisses der Historik* (1868) fragte Johann Gustav Droysen: »wie können nationale Gedichte [... für das] Hohenstaufische Deutschland den pädagogischen Wert des geschichtlichen Unterrichts gehabt haben?«[134] – Solche Poeten, Schriftsteller und Politiker gab es im Vormärz viele; an ihnen wäre »das später von Marx entdeckte Problem des historischen Kostüms«[135] als formproblematische Gemeinsamkeit ihrer Zeitkritik zu bemerken.

Einer neuen übernationalen Deutschheit, die aus dem Geist des ghibellinischen Herrschers emporkam, sah sich z. B. der schwäbische Jurist Paul Achatius Pfizer (1801–1867) verpflichtet, als er die Verse schrieb:

»Hohenstaufen, sel'ge Sterne!
Beide Friedrich, Konradin!
Schaut ihr aus verhüllter Ferne
Jetzt nach eurer Wiege hin?
[…] Ueber dem verwaisten Volke
Tönt erweckender Gesang!
[…] Gleich der Sonne decke du
Die Verlass'nen, Heimathlosen,
Mit der goldnen Schwinge zu!«[136]

Pfizer war politischer Realist genug, um zu sehen, dass, so machtvoll jenes ghibellinische Jahrhundert auch gewesen war, »einmal Erstorbenes […] sich nicht wieder zum Leben erwecken (lasse)«.[137] So hoffte er, mit einem altpreußischen, friderizianischen Impetus sowohl Freiheit wie Macht und übernationale Einheit für Deutschland begründen zu können – freilich auch um den Preis, »dass die kleinen deutschen Staaten auf einen Teil ihrer Souveränität verzichteten«.[138]

Zu jenen ghibellinischen Sängern gehörte exemplarisch auch der schwäbische Romantiker Wilhelm Waiblinger (1804–1830). Als der im Dom von Palermo am Grab des Hohenstaufen stand (1829), schrieb er:

»Du hier, o ew'ge Glorie des Vaterlands,
des deutschen Zepters herrlichster Fürst
und Held,

du Schöpfer nie gewagter Taten,
Kämpfer des Lichts und der bessern Wahrheit.«[139]

Damit war die mythische Zentralgestalt des ghibellinischen Traums markiert; denn »unter ›Ghibellinentum‹ begriff man [...] geradezu jene freie, oft bis ans Ketzertum grenzende weltlich-geistige Helle, die zwar noch in der Kirche Platz fand, aber dennoch schon außerhalb ihrer stehend die Kirche gleichsam von außen her als Gesamt überschaute.«[140]

Jener (mythische) Kaiser war Feind gleichermaßen der fürstlichen Landstände wie des römischen Klerus: »Des Bannstrahl denk‹ ich, den aufs gekrönte Haupt / Roms frechster Priester [Gregor IX., 1227–1230 u. 1239 bis zum Tod] schleuderte, Volk und Land / mit Fluch beladend und der Menschheit / heiligste Fesseln, der Wüterich, sprengend.«[141] Und für Hegel war geschichtsphilosophisch wichtig, dass »in der glänzenden Periode der Hohenstaufen ... Individuen von großem Charakter den Thron [behaupteten]« und wo sich »die kaiserliche Macht in ihrer größten Herrlichkeit darstellte, und der durch seine Persönlichkeit auch die ihm untergebenen Fürsten an sich zu halten wußte«.[142]

Waiblinger wurde zu Ostern 1826 von einem Freund, Anton Friedrich Xaver Eser (1798–1873), auf das ›Hohenstaufen‹-Motiv für einen Trauerspielzyklus dramatischer Dichtung aufmerksam gemacht: *Rom und Hohenstaufen* notiert er sich in sein Tagebuch.[143] – Es war im Übrigen gerade eine Zeit (nach 1825) von zahlreichen Hohenstaufendramen in deutscher Sprache, »die aber meist in einseitig patriotischer Tendenz geschrieben waren«.[144] Auch Goethe bekannte in jenen Jahren – in einem Gespräch mit Eckermann – »immer meine Freude an dem großen Faktum des dreizehnten Jahrhunderts, wo Kaiser Friedrich der Zweite mit dem Papste zu tun hatte«.[145]

***

Ganz prononciert nationalkritisch dann der rheinische Carl Immermann – »Du aber sahst das kommende Geschlecht«[146] – in seinem Stück: *Kaiser Friedrich der Zweite* (1828) – »keineswegs ein Hohenstaufendrama im chauvinistischen Vulgatsinne«.[147] – Immermann – »ein entsetzlich zerrissener Mensch«[148] – hat 1817 als Schriftsteller begonnen »mit einem Manifest [*Ein Wort zur Beherzigung*] gegen die Burschenschaft an der Universität Halle … [und] war von den an romantisch-teutonischen Ideen berauschten, höchst überheblichen Burschen an Leib und Ehre schwer geschädigt worden«[149], namentlich als sie auf dem Wartburgfest seinen literarischen Erstling verbrannten. »Immermann ist ein tüchtiger Mann«, so Hebbel, »der sich aber wie ein Riese geberdet«[150], gleichwohl er »in seinen beiden Romanen [*Münchhausen*, 1838 und *Epigonen,* 1836] alle Bewegungen und Richtungen der Zeit abgespiegelt«[151] hat.

Seit 1821 war er von der Hohenstaufengeschichte fasziniert. Auch er ist, wie Novalis, durch die anonym erschienene, Karl W. F. v. Funck zugeschriebene *Geschichte Kaiser Friedrich II.* zu seiner Dichtung angeregt worden. Er behandelt den Stoff durchaus nicht als dokumentarisch-archivalische Präsentation, sondern, wie Immermann in einem Brief (an Tieck v. 18. Juli 1831) schreibt, »daß ich dem Dichter gern die höchste Freiheit bei der Behandlung des historisch Gegebenen bewahren möchte«.

Immermann ließ damals nur solchen dramatischen Stoff gelten, »der noch lebendig in die Gegenwart eines Volks hineinwirkt, in ihre ›Freuden‹ und ›Schmerzen‹, in ihre ›Feste‹, in ihre ›Verwicklungen‹«.[152] Die sozusagen moderne Thematik seines Stückes ist der Zwiespalt der Institutionen:

»Die Schuld von unserm Zwist trägt unsre Größe.

Der Stuhl Sanct Peters und der Stuhl zu Aachen, Sie haben bei einander keinen Platz.«

Dagegen erhebt der Kaiser seinen Einspruch: »Das Weltliche, das Irdische gehört mir«, und:

»auf Erden kann nur Einer herrschen.« D. h.: »Um Kaiser Friedrich sammelt sich der Glanz, / Die Pracht der weiten Welt!« Mit der Perspektive: »Der wahre Kaiser stirbt nicht!«[153] Immermanns moderner Blick mit seinem Friedrich-Drama war es, in der Staatsmacht und dem imperialen Recht ihren ausschließlich *weltlich-diesseitigen* Legitimationsgrund zu erkennen.

Daraus allein sei Freiheit in der Polis zu begründen – denn mit Schiller war man sich in ghibellinischer Perspektive darin einig: »den *Kaiser / W*ill man zum Herrn, um *keinen* Herrn zu haben«.[154] Diesen universellen Anspruch gerade dieses Kaisers hat noch in unserer Gegenwart, aus dem George-Kreis, Karl Wolfskehl in die Verse gebracht:

«Und zum wahrsten Ghibellinen
Friedrich, aller Kronen Kron,
Eilten, Guts und Bluts zu dienen,
Jude, Christ und Wüstensohn.«[155]

Für Immermann wird der ›Held‹ erst dort interessant, »wo bereits der ›Anti-Held‹ verborgen in ihm darinsteckt«.[156] Der muss erleben, wie abträglich die Freund-Feind-Dramatik des politischen Spiels seiner Herrschaftskultur ist: »Hier Ghibellin, will ich dort Welfisch handeln, / Und mich, wie es der Zeit gebeut, verwandeln.«[157] So wird auch in den ghibellinischen Korridoren der Macht der Weg zum Verrat gebahnt. Denn so viel ist klar, dass die ghibellinische Gesinnung »zu einer innerlichen und idealen Opposition gegen den geistlichen Staat überhaupt«[158] führen muss. – Für Hegel stellte sich das dann so dar: »Nach dem Untergang der Hohenstaufen ist das allgemeine Zerfallen zur völligen Gewalt gekommen; es nahm eine allgemeine Barbarei in Deutschland überhand.«[159]

Und damit verblasst dann auch die ghibellinische historische Macht – im Interregnum (1250–1273), bis der Graf von Habsburg dann Kaiser wurde; und 1334 verbot Benedikt XIII. überhaupt den Gebrauch des Namens ›Ghibelline‹.

Das ghibellinische Herrschaftsparadox aber überdauert die Zeiten. Immermann formuliert es so: »Die Sclaven, wie sie mit den Ketten drohn, / Weil ich sie lösen wollte von den Ketten!«[160] Im ersten Band der Zeitschrift *Europa* (Stuttgart 1840) wird über Immermanns weltliterarisches, übernationales Bemühen geurteilt, dass er »der Stellung entgegenreife, die Goethe in seinen spätern Jahren einnahm«.[161] Das bringt die Vormärz-Denker zu dem Urteil: »Immermann schreibt für moderne Deutsche […], die den Extremen des Deutschtums und des Kosmopolitismus gleich fern stehen; die Nation faßt er ganz modern auf und stellt Prämissen hin, die konsequent auf die Selbstherrschaft als Bestimmung des Volks führen würden.«[162]

***

Es schien also in der Zeit des Vormärz ein allgemeiner politischer Trend zu spüren zu sein, dass erstens »hier ein Hinausgehen über den national-deutschen und besonders den preußischen Standpunkt nötig sei«[163], dass zweitens vermutlich »in den sich absondernden Nationen der [...] rein nationale Egoismus immer mehr und mehr zu Grunde gehen muß, daher die Universalität gewisser Ideen, die unser Zeitalter treiben und bewegen«.[164]

Das war auch Ludwig Uhlands ursprünglicher Traum mit 1848, nämlich »das Reich wiederhergestellt [zu] haben, wie es im Zeitalter der Hohenstaufen und den folgenden Jahrhunderten war«.[165]

Und noch im Sommer 1849 berichtet die *Neue Königsberger Zeitung*, es gehe »ein Gerücht von einem großen europäischen Congresse – nachdem das humanitätstrunkene Jahr 1848 von einem Völkercongresse geträumt hatte – [...] durch die Welt, auf dem das glücklich restaurierte Europa wie aus Jupiters Fuße seine allergnädigsten Loose werde zu empfangen haben«.[166]

Als jedoch dann auch die Revolution (zwischen März und September) 1848 an diesem universalen Reichsprojekt scheiterte, schrieb Friedrich Hebbel zu Silvester in sein Tagebuch: »Das Jahr ist wieder herum. Es hat Deutschland eine

Revolution gebracht; ob mehr, soll sich erst zeigen«, und: »Alle Erbfehler unserer Nation stehen wieder in voller Blüte; hie Gelf, hie Ghibelline. [...] Zu einem imponierenden, wohl gegründeten Staatsbau werden wir es wohl nicht bringen, das ist unmöglich, wo jeder Stein Schlußstein werden will.«[167]

Die Erinnerung an den Hohenstaufen und seine Reichsidee und Praxis hat viele intellektuelle Kräfte im Umkreis der 1848er Revolution zu neuem Nachdenken über die Zukunft von Nationen hin zu europäischen Horizonten motiviert. Denn *Reich* ist, wie es jüngst der Historiker Helmut Scheible gesagt hat, eben »gerade kein konservativer, sondern, im Gegenteil, ein gegen zunehmende nationalistische Erstarrung kritisch gewendeter Begriff«.[168] Jedenfalls ist in dieser alten *Reich*sidee Deutschlands die Bedingung der Möglichkeit eines neuen Europa geistig identifizierbar. Diese ursprünglich ghibellinische Idee wäre nicht so sehr als geopolitische Idee interessant, sie gehört vielmehr zu den dispositiven Gründen unserer politisch-kulturellen Selbsterhaltung als Europäer: Denn »schließlich hatten die Ghibellinen, gegen die Guelfen, zum letztenmal in der europäischen Geschichte eine überlegene, richtige und tiefe Einsicht in die Voraussetzungen eines ›Friedens auf Erden‹«.[169]

Das aber ist ein modernes Motiv zu der alten Frage, die angesichts drohender deutscher Reichsverluste zu stellen war: »Warum soll die Sache eines Volkes die Sache der Menschheit werden?«[170] – Gerade das ist auch die dramatischste Frage, die an deutsche Geistigkeit und Geselligkeit überhaupt gestellt bleibt: Denn seit der Frühromantik galt es als ausgemacht, dass »deutsche Bildung im Verhältnis zu dem Staat von Europa hinneigt«, mit dem Ziel: »*Mittelpunkt* der Zivilisation der Welt, nicht bloß ihr *Gipfel,* soll Europa werden.«[171]

II

Nietzsches Europäizität
Der Zustand Europas aber blieb – seit Nietzsches Zeiten – im Klammergriff seiner nationalen Gemeinschaften als *Nationalstaat.* »Die Nation ist seine ›Idee‹, und weil er nur der Idee wegen lebt und handelt […] hat er einen Freibrief zu tun, was er will. In Wahrheit aber ist die Idee eine bloße Fiktion. Der Staat hat das Volk, ja eine Gesamtheit von Völkern, bereits aufgefressen:«[172]

Über jenen *nationalen* Zustand schreibt Nietzsche: »die Kleinstaaten Europas, ich meine alle unsere jetzigen Staaten und ›Reiche‹, müssen, bei dem unbedingten Drange des großen Verkehrs und Handels […] in kurzer Zeit wirthschaftlich unhaltbar werden«, denn: »Das Geld allein schon zwingt Europa, irgendwann sich zu Einer Macht zusammen zu ballen.«[173]

Gerade so verweist uns auch Nietzsche mit seiner *Europa-Idee* auf neue Horizonte, die allein und zuerst im Menschen, im Individuum freizulegen wären; und also nicht im *Politischen* oder *Institutionellen*. Im Grunde erkennt Nietzsche nur im (voltaireschen) *Freigeist* den praktikablen europäischen Menschen. Es sind diejenigen, die «als *gute Europäer* [...] durch die That an der Verschmelzung der Nationen arbeiten: wobei die Deutschen durch ihre alte bewährte Eigenschaft, *Dolmetscher und Vermittler der Völker* zu sein, mitzuhelfen vermögen.«[174]

Nietzsche sieht sich nämlich mit einem mentalen Grundmangel in Europa konfrontiert, den er als ›Sokratismus‹ seiner Zeit konzeptualisiert.[175] Was heißt das? Es bezeichnet das Phänomen des ›Fertigseins‹ (und der Alternativlosigkeit) in Politik und Kultur und vor allem auch das ›*Fertigsein*‹ des Menschen – gefasst in der »fiktion des normalmenschen«, denn: »Wie man sichs mit dem normalmenschen unbillig leicht gemacht hat, um nicht jedem lebendigen neu gegenübertreten zu müssen, so gehört die völlige verkümmerung des tatsachensinns dazu, das ›volk‹, diese leere abstraktion, für eine wirklichkeit zu nehmen.«[176]

Schon daraus ergibt sich eine grundsätzliche Kritik an institutionellen Fiktionen solcher *völki-*

schen oder *nationalen* Gemeinschaften. Nietzsche erkennt das Pathogene in solchen Gemeinschaften – mit seinem Liebling Goethe könnte er sagen: »Eingebildete Gleichheit: das erste Mittel die Ungleichheit zu zeigen.«[177]

Die Hoffnungen Nietzsches mit *Europa* sind begründet auf eine grundsätzliche Erweiterung aller Grenzen von *Gemeinschaft*, die immer Begrenzungen bzw. Domestizierungen – und eben auch Sekurität! – für den Einzelnen mit sich brachten. So kann denn jener ›völkische‹ Alltag so beschrieben werden:

»Oft schon herrschten Tribunen,
es floh in die lieblose Fremde
Coriolan, fort ging der edlere Mann.
Prahlend blieb der Schwätzer zurück
Histrionengeschmeiß spreizt sich
auf hohem Kothurn.«[178]

Mit *Paul Mongré* [= Felix Hausdorff] aber kann Nietzsches philosophische Orientierung wie folgt beschrieben werden: »Der Mensch als Individuum, als Individualist, fängt heute wieder einmal an langsam heraufzukommen und sich durchsetzen zu wollen; vielleicht glückt's ihm diesmal besser als früher. Der einzig menschliche Typus, der bisher geduldet und zugelassen wurde, war gerade umgekehrt der typische Mensch, der Mitmensch, das nummerierte Mitglied der Gemeinschaft, das zoon politikon, der vielseitige, gemeinnützige, gemeinverständliche Sittlichkeitsapparat mit Gebrauchsanweisung. – Das gesellschaftliche Training hat den Einzelmenschen so übel zugerichtet, sein Wille ist so unsicher und selbst zweiflerisch und innerlich furchtsam geworden, daß er instinctiv nach einer von außen oder oben ergehenden Rechtfertigung und Bestätigung verlangt, sei es welche sie wolle.«[179]

***

Als Künstler, Philosoph, Intellektueller, so Nietzsche in *Ecce homo*, »hat man keine Heimat in Europa, ausser Paris«[180], der – damals – geistig-kulturellen Hauptstadt der modernen bürgerlichen *Gesellschaft* überhaupt. Nietzsche war überzeugt, dass »das Ende der dekadent gewordenen Nationalkulturen unabwendbar und schon in naher Sicht sei; daß es nur noch die Hoffnung auf ein zukünftiges ›Europa‹ gebe, in dessen Größe die kleinen nivellierten Nationalkulturen aufzugehen hätten.«[181]

Eine Chance immerhin auf diesen anderen Weg auch für die Deutschen war für Nietzsche schon mit dem Tode Friedrichs III. – am 15. Juni 1888 – verspielt – erlosch doch mit ihm ein Licht »von freiem Gedanken, die letzte Hoffnung für Deutschland«.[182] Dieser Tod also, so kommentierte Thomas Mann die Wahrnehmung Nietzsches, »sei ein großes entscheidendes Unglück für Deutschland; die letzte *Hoffnung auf deutsche Freiheit* gehe damit zu Grabe«[183], – So musste dann Nietzsche gerade auch vom Bismarck-›Reich‹ konstatieren, mit ihm »macht ein intelligentes Volk immer nur eine mésalliance ...«[184]

Und so beginnt sich seit Anfang der Achtziger Jahre bei Nietzsche aus der Erinnerung des ›Heiligen Römischen Reichs deutscher Nation‹ heraus sein »Urtheil und sein Auge für alles Europäische zu schärfen«.[185]

Das Interesse an *Europa* gerade in Zeiten eines kulturell dominierenden Nationalismus und Patriotismus (im Kaiserreich), von Nietzsche öfters kritisch beschrieben, hat aber auch – jenseits seiner politischen Aktualität – eine abstrakte philosophische Dimension. Nur hierbei erschließt sich für Nietzsche eine eigentliche politische Berufung der Deutschen, von »Deutschlands Beruf«[186], nämlich die Vorstellung von einem übernationalen Reich, als, wie es Martin Mosebach sagte, »die translatio imperii – eine Fortsetzung des untergegangenen weströmischen Reiches«.[187] – Und gerade deshalb »sind die Deutschen gleichsam erblich dem Europagedanken verhaftet, als einziges Volk in Europa. Eine große Idee, die für Deutschland immer auch verhängnisvoll war.«[188] Sie wird besonders in Nietzsches *europäischem* Gedankenexperiment deutlich. Er ist dabei spirituell Goethes

Altersspruch verbunden: »Entzwei' und gebiete! Tüchtig Wort; / Verein und leite! Bess'rer Hort.«[189]

Nietzsche entwirft *Europa* aus einer medial randständigen Perspektive, denn: alles »was gross ist im Sinn der Cultur war unpolitisch, selbst antipolitisch«.[190] So vermeidet Nietzsche ganz absichtsvoll eine Europa-Begründung über Institutionen. – Was bleibt ihm? Er befasst sich zunächst mit dem anthropologischen ›Material‹, dem mit Europa eine neue, andere Signatur zu geben wäre. »Es kommt durchaus darauf an, daß der Mensch groß ist; was dazu gehört, ist nicht zu schnell zu taxieren; aber das Nationale, wie es jetzt verstanden ist, fordert als Dogma geradezu die *Beschränktheit*.«[191] – Nach dem Ersten Weltkrieg hat man sich auch aus Deutschland heraus in diesem Sinne Gedanken über einen *europäischen Raum* gemacht, als einem neuen Aktions- und Lebensraum des Menschen, in dem identitäre und patriotische Bewegungen zu bloß volks- und heimatkundlicher Beschäftigung werden. Wo die Freiheit aller Eigentümlichkeiten schließlich zur regulativen Idee einer auf *Eine – planetarische – Polis* hin orientierten Praxis als Werden der Menschheit zu verstehen wäre. So steht Nietzsche – in der Moderne seit Novalis – in einer Tradition, die *Europa* zu allererst als eine kulturelle *Gestalt* entwerfen will. Und zwar aus den geistigen Elementen, die in ihm entstanden sind: das *Sacré*, der *Logos*, die *Form*, der

Ton, das *Wort*, die *Zahl*. – Deren *Gestaltbildung* aber folgt einem Paradox: Es sind nicht die Werke einer (etwa politischen) Gemeinschaft, sondern geschaffen wird es in *ungeselliger Geselligkeit*, vom Individuum, vom freien Menschen, der »kein Gesetz empfängt, sondern die Forderung stellt, es ihr zu geben, der nicht mehr der gefeierte Liebling der Gesellschaft ist, sondern der von ihr Verstoßene, Gezeichnete, Geächtete«.[192]

Das heißt: Wer also mit Nietzsche auch Deutschland von seinen Gründen her verstehen wollte, durfte das nie national oder staatlich begrenzt tun – niemals bloß regional (bzw. konfessionell) eingehegt als beispielsweise *Christus der Nationen* (wie Polen) oder als *Grande Nation* (wie Frankreich), weder als imperiales *Commonwealth* noch als ein auf sich selbst bezogenes *Reich der Mitte*. – In dieser Tradition wurde dann auch von einem anderen großen Nietzsche-Kenner, von Don José Ortega y Gasset (1883–1955), in den Dreißigern konstatiert: »Je treuer der Nationalstaat des Abendlandes seinem wahren Wesen bleibt, umso geradliniger wird er sich zu einem gewaltigen Kontinentalstaat entwickeln.«[193]

Und so zeigt es sich auch: Viele philosophische Europadenker seither sind »beim Erz-Boche Nietzsche in die Schule gegangen«.[194]

***

Es bleibt also die geistig-politische Aufgabe des Europäers, »auf das Bindende zwischen den Völkern, jenseits des Trennenden hinzudeuten […] über den eigenen Lebensraum ins Allgemeinmenschliche«.[195] Denn: »Wir müssen Europa nicht als Kategorie, sondern als deutschen Spezialfall sehen lernen.«[196]

Dass gerade die Deutschen eine solche transnationale Dimension ins philosophische wie politische Denken einbringen können, liegt sozusagen im Zentrum der deutschen Konfession – denn wie mit der ghibellinischen Tradition seit Novalis gesagt werden muss: »Zu einem neuen universalistischen Stil der Formgebung, zu ›Cyklopenbauten der Kultur‹, ebenbürtig dem ›Imperium Romanum‹ der Antike und des Mittelalters, ist der neue Mensch nur befähigt und ausersehen als ein solcher, der die ›Seele des Europäers‹ in sich trägt und an ihrem Mythos ›fortdichtet‹.«[197]

Eine Idee, die gerade wieder in der Nietzschenachfolge, exemplarisch auch bei Johannes Schlaf, zu Wort kommt, wenn es da heißt, dass der Gedanke der Übermenschlichkeit des Menschen die »europäische Sozietät auch zu einer neuen physischen Beschaffenheit und Vollendung emporführen wird«, die »das sozietäre Ineinander- und Miteinander ihrer Individuen zu einer umso sicherer und unbeirrbarer funktionierenden Vollkommenheit gestalten muß«.[198]

Kurzum: Mit Nietzsche beginnt im deutschen Denken eine deutsche Selbstkritik, deren Logik auf ein neues Begreifen Europas hinführt. Mit Nietzsches deutschem Paradox: »Gut deutsch sein heisst sich entdeutschen«, dass also die »Wendung zum Undeutschen«[199] immer das Kennzeichen der Tüchtigkeit der Deutschen gewesen sei, qualifiziert sich Nietzsche zum *ersten Denker Europas*, d. h. zu dem, der in Deutschland zuerst *Europa denkt*. – Denn, wie wir gerade seit Nietzsche wissen können: »Es gibt einen europäischen Geist. Und es geht dabei um Selbstironie und Spott. Von Don Quijote bis zum braven Soldaten Schwejk existiert so etwas wie ein dunkles europäisches Lachen.«[200]

III

Tomáš Garrigue Masaryk
Mitteleuropäische Europäer
Hugo Fischer lernte Masaryk durch den Leipziger Pädagogen Paul Barth (1858–1922) kennen; Barth war mit dem späteren Präsidenten der ČSR freundschaftlich verbunden. »Von da an«, so erinnert sich Hugo Fischer in seiner (ungedruckten) Autobiografie, »wurde ich wiederholt eingeladen (nach Prag) und unterhielt einen Briefwechsel mit dem grossväterlichen Mentor, dessen Verlust [1935] ich sehr betrauere.«[201]

Die Tschechen sahen «Mitteleuropa» meist im Kontext eigener historischer und kultureller Identität als Existenzproblem einer kleinen Nation in geopolitisch exponiertem Raum zwischen Deutschland und Russland. Eine solche *Zwischenposition* findet sich – wenn auch manchmal mit Verspätung – in strukturell analogischer Form auch bei anderen mitteleuropäischen Nationen: Für Polen bedeutete Mitteleuropa ein *Intermarium*, einen Raum zwischen Dneprmündung und der Ostsee, für Magyaren sind es Gebiete im Karpatenbogen, ein geschichtliches Territorium, das die östliche Grenze von Westeuropa im kulturellen Sinne und eine westliche Grenze von Osteuropa im politischen Sinne bildet. Bis Ende des Zweiten Weltkriegs verstanden Slowaken Mitteleuropa als den *Donauraum* (Hodža, Federácia), für Österreicher bedeutete es meistens die Gebiete, die die alte k. u. k. Monarchie bildeten.

Das, was die mitteleuropäischen Mitteleuropakonstruktionen gemeinsam haben, ist eine Situierung dieses Raumes auf einer Nord-Süd-Achse zwischen Ost und West, und zwar im Unterschied zu der – überwiegend deutschen – Orientierung entlang einer West-Ost-Achse, wodurch Mitteleuropa später auf *Ostmitteleuropa* verengt wurde. Britische Politologen und Historiker sprechen hingegen über ein *central Europe* und kombinieren damit beide Orientierungen.

Ausgangspunkt des tschechischen Denkens über Mitteleuropa ist der sogenannte *Landespatriotismus* der Vormärzzeit, für den Angehörigkeit zum Land und territoriale Herkunft wichtiger schienen als ethnische Zugehörigkeit und Sprachunterschiede, in dem also eine politische Nation gegen eine ethnisch verfasste in Stellung gebracht wurde. Parallel entwickelte sich der föderalistische *Austroslawismus*, der eine Selbständigkeit der »Westslaven« vom russischen Imperialismus und dem deutschen Expansionismus zugleich schützen sollte, dessen Grundintention František Palacký – einer der Begründer moderner tschechischer Politik und Geschichtsschreibung – im Revolutionsjahr 1848 auf das *bonmot* komprimierte: Wenn es Österreich nicht gäbe, müssten wir es schaffen. Der *Austroslawismus* stand dann lange Zeit, bis zum Ersten Weltkrieg, nicht nur im Hintergrund der tschechischen Mitteleuropareflexionen[202], die immer – wegen der traditionell starken Bezugnahme auf Frankreich – stärker politologisch als kulturwissenschaftlich grundiert waren. In diesem Sinne war die tschechische Politik lange Zeit »mitteleuropäisch« orientiert.

Noch während des Ersten Weltkriegs glaubten freilich die meisten Repräsentanten der damaligen tschechischen Politik, dass es keine politische Zukunft für Tschechen außerhalb eines starken mitteleuropäischen, zugleich föderalisierten, modernisierten und vor allem demokratisierten österreichischen Staates gebe.

Eindeutig gegenläufig zu diesen überwiegend pragmatisch politischen Mitteleuropavorstellungen standen die politischen und philosophiegeschichtlichen Überlegungen von Tomáš Garrigue Masaryk (1850–1937), die er in seinen Büchern *Nová Evropa* (1920) und *Světová revoluce* (1925) entwickelte, und die er schon in älteren Publikationen, z. B. in *Česká otázka* (1895) und *Ideály humanitní* (1902) vorbereitet hatte.

Wie bei vielen mitteleuropäischen Intellektuellen seiner Zeit waren seine ethnische Herkunft und nationale Identität nicht ganz eindeutig, und so entwickelte er den *Tschechoslowakismus* als Idee einer Nation von zwei nur durch Sprache sich unterscheidenden Stämmen: den Tschechen und den Slowaken. Nationalismus hielt er für eine ungenügende philosophisch-theoretische Grundlage jeder Politik, obwohl er sonst ein großes Verständnis für die Kämpfe slawischer Nationen um Selbstbestimmung in der Doppelmonarchie und gegen den Wiener Zentralismus hatte. *Nation* war für ihn im Prinzip mit Gesellschaft identisch und deswegen nicht so stark substanziell aufgefasst. Er akzeptierte zwar die im Neunzehnten Jahrhundert entstandene Vorstellung des Nationalstaates – die er freilich für zeitbedingt hielt, näher aber war ihm im Falle der neu entstandenen Tschechoslowakei eine Idee von »schweizerischer Konföderation«.

Masaryk stammte aus Hodonín (Göding), das in Südostmähren an der Grenze zum damaligen »Oberungarn« lag. Sein Vater war Slowake, und die meisten seiner Verwandten waren jenseits der Grenze lebende Slowaken. Die Mutter stammte aus dem mährischen Haná (Hana) und hatte eine deutsche Schule besucht. Zu Hause wurde mit mährisch-slowakischem Dialekt gesprochen. Masaryk absolvierte die deutsche Realschule in Hustopeče (Auspitz) und das deutsches Gymnasium in Brno (Brünn). Neben dem Tschechischen und Deutschen beherrschte er auch alte Sprachen, sprach fließend Französisch, später auch Russisch und Englisch (»Je mehr Sprachen du kennst, desto mehr Mensch bist du«) und studierte Philosophie in Wien, wo er sich auch – nach zweijährigem Aufenthalt in Leipzig – habilitierte. Mit zweiunddreißig Jahren zog er dauerhaft nach Prag, wurde außerordentlicher und dann ordentlicher Professor der Karl-Ferdinand Universität. Im Herbst 1918 wurde er schließlich zum Präsidenten der neu gegründeten Tschechoslowakischen Republik gewählt.

Den zu seiner Zeit sich durchsetzenden Nationalliberalismus lehnte er ab, auch wegen dessen Unfähigkeit, allgemeingültige Werte zu begründen und überzeitliche Ideen zu verfolgen. Aus dieser Position widersetzte sich Masaryk auch nationalistischer Plattheit im öffentlichen Disput, wie es z. B. aus seiner Broschüre *Naše nynější krize* (1895) erkennbar wird. Masaryk wollte keiner politischen Bewegung (gegen die k. u. k. Monarchie) angehören, sondern strebte eine grundlegende Änderung der politischen Ordnung an. Aus diesem Grund machte er politische und kulturelle Skandale des späten Habsburgerreichs öffentlich, wie die Kämpfe mit Alois Lexa Freiherr von Aehrenthal (1854–1912), zwischen 1906 und 1912 k. u. k. Außenminister, oder seinen Streit mit österreichischen Katecheten, seine Ablehnung von religiösem Aberglauben (namentlich des sog. ›jüdischen Ritualmordes‹) und auch tschechischer Nationalmythen.

Dagegen stellte er – in Rückgriff auf seinen vom philosophischen Nominalismus abgeleiteten und oft betonten politischen *Konkretismus* (Realismus) – seine positive Vision einer sogenannten »*antipolitischen Politik*« – als innere Lebensform einer Nation ohne eigenen Staat: Emanzipation, Bildung und kultureller Reichtum sollten sich unabhängig von einem vorgegebenen herrschaftspolitischen Rahmen fortentwickeln können.

IV
Hugo Fischers Europa-Philosophie

Noch im Zwanzigsten Jahrhundert also war der alte ghibellinische Traum – inmitten des Triumphs der Nationalpolitik in Europa – als ein ›föderal-universalistischer‹ Entwurf von europäischer Zukunft wach, als ein Begehren nach Einheit im Wort, in Freiheit und im Geist. »*Europäer* – wo darf ich heimisch sein? darnach suchte ich am längsten, dies Suchen bleibt meine stäte Heimsuchung.«[203] – Das war auch das Hauptthema bei den Prager Gesprächen Fischers mit Masaryk: »die Gestalt und das mögliche Schicksal Europas. Masaryk war offensichtlich in die christlich humane und demokratische Tradition des Westens eingebettet«.[204]

Man begriff dabei, dass das ›Nationale‹ natürlich ein *Ausgangspunkt* für künftige neue (geo)politische Perspektiven sein könnte und eben gerade nicht ein *Endpunkt* in der jeweils besonderen Volksgeschichte. Gerade diese Wendezeit begriff unmittelbar nach dem Ersten Weltkrieg exemplarisch Martin Buber, als er in einer Rede (1921) über *Nationalismus* einen scheinbar paradoxen Befund hervorhob: »Wir leben im Moment der geistigen Selbstaufhebung des Nationalismus.«[205] – Wie fremd das aber immer noch außerhalb der mitteleuropäischen Reichskultur war, davon zeugt eine Bemerkung des polnischen

PEN-Mitgliedes Jaroslaw Iwaszkiewicz (1894–1980), der in seinen Erinnerungen an die turbulenten politischen Zeiten um 1925 schrieb: »Der mystische Ghibellinismus, die Grundlage des deutschen Denkens und auch entscheidend für die neuere europäische Geschichte, war für mich ein Buch mit sieben Siegeln.«[206] – Denn das war ja aber gerade – wie hundert Jahre zuvor – als eine starke spirituelle und praktische Überwindung »der falschen Morgenröte des Nationalismus«[207] und des lautstark volks- und vaterlandstümlichen Affekts in den europäischen Nachkriegsstaaten ausgewiesen worden. »Zwischen Nietzsche und der ›modernen Idee‹ des ›Nationalismus‹ besteht keine einzige Verbindungslinie; [...] wenn er von sich sagt, er sei ›vielleicht mehr *deutsch, als jetzige Deutsche*‹ [...], so stellt er sich auch mit diesem seinen Deutschsein aus dem Bannkreis des modernen dekadenten Nationalismus gänzlich heraus.«[208] – Denn es war und ist – dies- und jenseits von Rhein oder Weichsel – »falsch und kränkend, das Wort ›national‹ als ein *epitheton ornans*, als eine Art moralisches Plus zu betrachten, wie es vielfach geschieht«.[209] – Schon zu Beginn des Großen Krieges hatte Franz Marc einen Aufsatz – *Das geheime Europa* – veröffentlicht[210], von dem er, der bald ein Opfer des Krieges sein wird (er fällt am 4. März 1916 bei Verdun), betonte, er sei »im tiefsten Grunde überzeugt, daß meine

Gedanken über Europa wahr sind, wenigstens *möglich* sind, – letzteres wäre mehr als wahr, – weil es auch die ganze Zukunftsaufgabe in sich schlösse. Ich werde in meiner kommenden Arbeit immer wieder um dieses Thema kreisen ...«[211]

***

In Paris, Avenue de Breteuil, an der Rückseite der Kirche *St. François de Xavier*, steht ein Kriegerdenkmal des General Charles Marie Emmanuel Mangin (1866–1925) [vgl. im Text oben, S. 82]; er war einer der offensivsten französischen Weltkriegsgeneräle.[212] – Als französischer Besatzungsoffizier in Mainz träumte er dann nach dem Sieg in der *Grande Guerre* den alten jakobinischen Traum einer ›Rheinischen Republik‹ als Auftakt einer europäischen Neuordnung. Mangin war einer der Ideologen, die mit Beginn »der dubiosen Zeit der schimpflichen Besetzung des Rheinlandes«[213] (bis 1930!) hier separatistische Kräfte unterstützten. Mangin wurde dann Anfang 1922 nach Oberschlesien versetzt, und hier »ist man fest überzeugt davon«, dass diese neue Aufgabe Mangins, »der zuvor im Rheinland Häuptling aller Separationsbewegungen war«[214], darin besteht, den alten Reichsbestand Deutschlands zu zerstören. – Er hatte aber auch noch weitergehende geopolitische Interessen, die Europa um das Mittelmeer zentrieren; dessen Horizonte werden dann deutlich im

Diktum »des Generals Mangin: ›Europa hört erst in der Sahara auf‹.« [im Text oben, S. 82 [215] – Diese Vorstellungen von Europa als einem *Lateinischen Imperium* prägten lange Zeit – als Antwort auf das Bismarck-Reich, seit der *Dritten Republik* – bis hin zum Ende des Zweiten Weltkriegs[216], die politische Theorie und Praxis in Frankreich. – Doch auch von Paris her hatte Stefan Zweig – seit 1912 – in seinem Freund (und Übersetzer) Léon Bazalgette (1873–1928), dem »leidenschaftlichen Anti-Nationalist … zum ersten Mal jenes ›unterirdische‹ Frankreich kennengelernt«[217], das mit seinen literarischen Quellen auch die Idee eines neuen Europa speiste. Hier wird in bester französischer Tradition (Saint Simon, Taine, der frühe Renan, Michelet) eine Geistesrichtung fortgesetzt, »die den Menschheitszusammenhang noch über die Nation stellt«.[218] Zusammen mit diesen vorzüglichen Denkern glaubt Nietzsche, trotz der »krankhaften Entfremdung, welche der Nationalitäts-Wahnsinn zwischen die Völker Europa's gelegt hat und noch legt […], dass *Europa Eins werden will*«.[219] – Und eben so betonte Hugo Fischer als eine zentrale Botschaft seiner Nietzschestudien, es »käme darauf an, Nietzsche als Gesetzgeber für ein Europa des 20. Jahrhunderts hervortreten zu lassen.«[220]

Schließlich: Die gegenwärtige *Europäische Union* hat doch alte historische Kostümierungen (ob ›Reich‹ oder ›Imperium‹) gerade hinter sich gelassen und neue historische wie kulturelle Dynamiken freigesetzt – und: »der große Föderalismus europäischer Völker, welcher dereinst kommen wird« – so schon die Hoffnung eines frühen deutschen Romantikers –, »wird auch deutsche Farben tragen [...] Wer kann das Deutsche noch herausschneiden aus dem Europäischen!«[221]

***

Es war dann in der Zwischenkriegszeit der sog. *Widerstands*-Kreis (zwischen 1928–1934) um die Brüder Friedrich Georg und Ernst Jünger, der aus dem nationalistischen Denkkreis ausgestiegen ist, um zu einer neuen *europäischen Synthese* als politisch-gesellschaftlicher Zukunft für Deutschland zu gelangen. Hier war es namentlich eben Hugo Fischer, der »die europäische Geistesgeschichte sehr genau unter dem Gesichtspunkt der Reichsgeschichte studiert« habe und in ihr »im Sinne des Danteschen Ghibellinismus«[222] den maßgeblichen Impetus für unsere Gegenwart ausmachen konnte.

Dieses Projekt nahm hier vor allem im Medium einer neuen Nietzsche-Lektüre Gestalt an: »Aus dem Wesenstiefen des Europäertums sind die alten Zielgebungen durch neue, gesunde außerkraftzusetzen. [...] Nietzsche meint, dass zum ersten Mal in seinem ›Jenseits von Gut und Böse‹ ein Blick über die Grundinstinkte unsrer politischen, geistigen, gesellschaftlichen Bewegung

Europas unter dem Gesichtspunkt der gesundenden Gesamtlebensbewegung gegeben sei.«[223]

So ist Hugo Fischers Beitrag *Der Realismus und das Europäertum* in der Festschrift für den Präsidenten der tschechoslowakischen Republik 1930 der erste maßgebliche Einstieg des deutschen philosophischen Denkens in das neue politische Paradigma *Europa*, das sich über die Weltkriegskatastrophe erhalten hat und sich seither als moderne Denkform in den geistigen Kämpfen unserer Zeit zu bewähren bemüht ist. Mit Masaryks Credo gesagt: »Die Vereinigten Staaten Europas hören auf, eine Utopie zu sein. Die Herrschaft einer Großmacht über den Kontinent und das Bündnis mehrerer Staaten und Nationen gegen die übrigen Nationen und Staaten schwinden vor der friedlichen Gesellschaft aller Nationen und Staaten«[224] – das bedeutet: »Der Europäismus […] schließt nur den romantischen Messianismus und den Chauvinismus aus.«[225]

Textgrundlage

Hugo Fischer, »Der Realismus und das Europäertum. (In Beziehung auf die Gedankenwelt und Weltanschauung Masaryks)«, in: *Festschrift Th. G. Masaryk zum 80. Geburtstag, 7. März 1930, Erster Teil*, Bonn: Verlag Friedrich Cohen 1930, S. 75–106. – Diese Publikation ist ein Ergänzungsband zur Zeitschrift *Der russische Gedanke* (1929–1934), die von Boris Valentinovich Jakovenko (1884–1949) herausgegeben wurde.

Briefe Hugo Fischers an Tomáš Garrigue Masaryk, 23. Mai 1928 und 16. Juni 1928, in: Archiv ústavu T. G. Masaryk, Prag, fond TGM, Korr II–66.

Die Rechtschreibung des Originals wurde beibehalten, Satzfehler stillschweigend korrigiert.

Dank

Wir bedanken uns bei PhDr. Luboš Velek PhD., dem Direktor des »Masarykův ústav« a Archiv Akademie věd České republiky (Prag), für die Erlaubnis, die beiden Briefe Fischers an Masaryk abzudrucken. Unser Dank gilt Dr. Gert Theile vom Goethe-Schiller-Archiv (GSA) der Stiftung

Weimarer Klassik für den Einblick in den Briefwechsel Hugo Fischers mit dem Nietzsche-Archiv, und wir bedanken uns für den Einblick in den Hugo-Fischer-Nachlass bei den Kollegen von der Handschriften- und Inkunabelabteilung der Bayerischen Staatsbibliothek (München).

Für Recherchen und technische Unterstützung bedanken wir uns bei Frau Dr. Birgit Dietzsch (Berlin), Herrn Sascha Freyberg (Berlin), Dr. Wladislaw Hedeler (Berlin) und Herrn Dr. Wilfried Lehrke (Weimar).

Anmerkungen

1 T. G. Masaryk begegnete mir auf meiner Lebensbahn [vgl. Nachwort, Pkt. III, S. xxx] schon als ich anfing zu philosophieren. Ich will hier verfolgen, was dieses Erlebnis für mich philosophisch bedeutete. In einer wirklichen Gestalt sah ich die Eigenschaften des *Realisten und Europäers* vereinigt. Diese Vereinigung halte ich für epochemachend. Was sie bedeutet, will ich in sachlicher Analyse und synthetischer Zusammenschau zeigen.

2 Niccoló Machiavelli, *Discorsi. Gedanken über Politik und Staatsführung* (1531), hrsg. v. Rudolf Zorn, Stuttgart: Kröner 2007, III. Buch, 9. Kap., S. 326.

3 Die »Realpolitik« aus der Zeit des dekadenten Vorkriegspositivismus kennzeichnet Tillich (in einem Aufsatz »Ueber gläubigen Realismus«, in: *Theologische Blätter*, Mai 1928 [Ges. Werke, IV, 1961, S. 88–106]): »… es gibt eine sogenannte Realpolitik, die *dem Augenblick verfällt*, weil sie nicht aus der Gegenwärtigkeit quillt und da doch gehandelt werden muß, der *Ohnmacht des Zufälligen preisgegeben* ist.« – Die Realpolitiker sind nationalistisch nicht aus Gesinnung, sondern weil sie sich den stärksten Interessen beugen. Ob diese Interessen die »wahren Interessen« im nationalen Sinne sind, ist eine Frage für sich.

4 Vgl. Alfred Weber, *Die Krise des modernen Staatsgedankens in Europa*, Stuttgart: dva 1925, Anm. d. Hrsg.

5   Böhmen u. Mähren, Anm. d. Hrsg.
6   Nach Masaryk (»Zur russischen Geschichts- und Religionsphilosophie«, [Jena: Diederichs, Bd. 2] 1913) ist »das Problem der Revolution«, »das russische Problem«, »Rußland hat die Kindheit Europas bewahrt.«
    »An Dostojewski« wäre »das Wesen der russischen Revolution [...] überhaupt darzustellen.« Das Problem der revolutionären russischen Geister ist »das Problem Rußland – Europa« und »Europa – Rußland«.
7   Metapher für die russischen Siege in den Galizienschlachten 1914/15, Anm. d. Hrsg.
8   Otto von Bismarck, *Gedanken und Erinnerungen*, I, 12, Anm. d. Hrsg.
9   Montesquieu, *Geist der Gesetze*, Leipzig: Wigand 1843, 7. Teil, 21. Buch, 21. Kap., S. 86, Anm. d. Hrsg.
10 Ebd., 6. Teil, 17. Buch, 6. Kap., S. 62 f., Anm. d. Hrsg.
11 »Die tiefe Unfruchtbarkeit des 19. Jahrhunderts«; Nietzsche, KSA, Nachlass 10, S. 497, Anm. d. Hrsg.
12 Dostojewskij, »Werdejahre«, in: *Sämtliche Romane & Novellen*, Leipzig 1921, Bd. 21, S. 108, Anm. d. Hrsg.
13 Ebd., S. 107, Anm. d. Hrsg.
14 Ebd., Bd. 21, S. 236, Anm. d. Hrsg.
15 Ebd., Bd. 20, S. 49, Anm. d. Hrsg.
16 Ebd., Bd. 22, S. 313, Anm. d. Hrsg.
17 Ebd., S. 312, Anm. d. Hrsg.
18 Ebd., Bd. 22, S. 312 f., Anm. d. Hrsg. In seinem Rußlandbuch (a. a. O. [Bd. 1, S. 288]) sagt *Masaryk* über Dostojewskis Stellungnahme zum romanti-

zistisch-reaktionären Nationalismus: »Dostojewski ist, um es paradox auszudrücken, zu *slawophil, um Slawophile zu sein* – Dostojewski hat *nichts* von dem *allslawischen Gefühl*, das schon Chomjakow und I. Aksakow mit der Religionsphilosophie Kirejewskjis verbunden haben.« Man kann hinzufügen, dass der Russe auch dann noch Europäer bleibt und europäische Fragestellungen aufwirft, wenn er Nationalist ist. »Rußland *und Europa*« ist die Fragestellung der Slawophilen. Dostojewski hat recht, dass der Russe vor den andern und intensiver als die Europäer ist.

19 Otto Gierke, *Joghannes Althusius und die Entwicklung der naturrechtlichen Staatstheorien*, Breslau 1902, Anm. d. Hrsg.

20 Vgl. F. Keller, *Kriegsächtung und Friedensrüstung*, Freiburg/Brsg. 1929, Anm. d. Hrsg.

21 Und 1829 in den *Jahrbüchern der Berliner Akademie der Wissenschaften*, Anm. d. Hrsg.

22 *Zeitschrift f. soziale Fragen d. Gegenwart*, hrsg. v. Anton Retzbach, Jg. 28, 3, Anm. d. Hrsg.

23 Genesis 9.7, Anm. d. Hrsg.

24 Hermann Lotze, *Mikrokosmos*, 5. Kap., Bd. 1, Hamburg: Meiner 2017, S. 147, Anm. d. Hrsg.

25 »Est enim verum index sui et falsi«, 76. Brief Spinozas an Albert Burgh, in: *Briefwechsel*, Hamburg: Meiner 1986, S. 286, Anm. d. Hrsg.

26 Henri Barbusse, *Das Feuer*, 1916, Anm. d. Hrsg.

27 Vom 15. Januar 1918, 3. Sowjetkongress zur Nationalitätenpolitik, im Taurischen Palais in Petrograd (St. Petersburg), Anm. d. Hrsg.

28 In: *La rivista critica fascista*, Anm. d. Hrsg.

29 Auch: Bottai, *Dalla Rivoluzione francese alla Rivoluzione fascista*, Rom 1931, Anm. d. Hrsg.

30 Als ein Beispiel für die Einformung gegenwärtigen europäisch-universalen Rechts in das positive Recht vergleiche man Art. 20 der Verfassung des Sowjetbundes vom 10. Juli 1918. »*Ausgehend von der Solidarität der Werktätigen aller Nationen* gewährt die russische sozialistische *förderalistische* Sowjetrepublik den auf dem Territorium der russischen Republik zwecks Ausübung einer Arbeitstätigkeit sich aufhaltenden und der *Arbeiterklasse oder* der keine fremden Arbeitskräfte ausnützenden *Bauernschaft* gehörigen *Ausländern alle politischen Rechte der russischen Staatsbürger* …«.

31 Friedrich Schiller, *Wilhelm Tell*, II., 2.; Vers 1279; *Säkular-Ausgabe*, Bd. 7, S. 183, Anm. d. Hrsg.

32 Auch: Friedrich Nietzsche,»Der Wille zur Macht«, in: *Werke in drei Bänden*, 1954, Bd. 3, S. 843–844, Anm. d. Hrsg.

33 J. H. Boehmer, *Introductio in ius publicum universale,* Halle/Magdeburg 1755, Anm. d. Hrsg.

34 Karl Marx, *Das Kapital I*, 1. Kap., Pkt. 4 (Fetischcharakter der Ware); MEW 23, S. 93; bei Marx *nicht* gesperrt, Anm. d. Hrsg.

35 Ebd., 13. Kap., Pkt. 10 (Große Industrie und Agrikultur); MEW 23, S. 530, Anm. d. Hrsg.

36 Ebd., 8. Kap., Pkt. 2 (Heißhunger nach Mehrarbeit); MEW 23, S. 253, Anm. d. Hrsg.

37 Ebd., 8. Kap., Pkt. 6 (Der Kampf um den Normalarbeitstag); MEW 23, S. 294, Anm. d. Hrsg.

38 Arbeiteraufstand 1848, Anm. d. Hrsg.

39 Karl Marx, *Die Klassenkämpfe in Frankreich*, MEW 7, S. 31 ff., Anm. d. Hrsg.

40 Karl Marx, *Das Kapital I, 8. Kap., Pkt. 1* (Die Grenzen des Arbeitstags); MEW 23, S. 249 (bei Marx *nicht* gesperrt), Anm. d. Hrsg.

41 Ebd., 4. Kap., Pkt. 3 (Kauf und Verkauf der Arbeitskraft); MEW 23, S. 189, Anm. d. Hrsg.
42 Ebd., 13. Kap., Pkt. 1 (Entwicklung der Maschinerie); MEW 23, S. 407, Anm. d. Hrsg.
43 Ebd., 5. Kap., Pkt. 1 (Arbeitsprozeß); MEW 23, S. 198, Anm. d. Hrsg.
44 Ebd., 13. Kap., Pkt. 4 (Die Fabrik); MEW 23, S. 445, Anm. d. Hrsg.
45 Rechtsgarant; nach Hobbes gleichnamigem Werk, 1651, Anm. d. Hrsg.
46 Angesichts dessen, was er Anfang 1917 in New York erlebt, entdeckt selbst ein »geborener Internationalist« wie Trotzki ein europäisches Solidaritätsbewusstsein in seinem Innern. In einem »Begrüßungsmeeting« äußert er damals (vgl. Trotzki »Mein Leben«, 1930 [Berlin: Fischer, S. 259 ff.]): »Die bedeutendste ökonomische Tatsache besteht darin, daß Europa die Grundlagen seiner Wirtschaft ruiniert, während Amerika sich bereichert. Und indem ich New York mit Neid betrachte, frage ich, der ich noch nicht aufgehört habe, mich als Europäer zu fühlen, besorgt: Wird Europa es aushalten? Wird es sich nicht in einen Friedhof verwandeln? Und wird nicht das ökonomische und kulturelle Zentrum des Schwergewichts der Welt hierher, nach Amerika, verlegt werden?« »Die Zahlen des wachsenden amerikanischen Exportes während des Krieges verblüfften« ihn. Sie waren für ihn »eine wirkliche Offenbarung«. »Seit jener Zeit ist das Problem »Amerika und Europa« für immer in den Kreis meiner Hauptinteressen getreten. Im Grunde ist es das urrussische Problem: Rußland – Europa, Osten – Westen (Vgl. Masaryks Rußlandbuch [Zur

russischen Geschichts- und Religionsphilosophie, 2 Bde., Jena: Diederichs 1913]); es hat sich zeitgemäß und klassenideologisch gewandelt.

47 Joh 5.21, Anm. d. Hrsg.
48 Karl Marx, *Das Kapital I*, 3. Kap., Pkt. 5 (Rate und Masse des Mehrwerts), Hamburg 1867; MEGA, Abt. II, Bd. 5, S. 247, Anm. d. Hrsg.
49 Ebd., 13. Kap., Pkt. 1 (Entwicklung der Maschinerie), MEW 23, S. 402, Anm. d. Hrsg.
50 *Société des Nations*, 1920–1946, Anm. d. Hrsg.
51 1862–1932; Außenminister Frankreichs 1925–1929, Friedensnobelpreis 1926, zusammen mit Gustav Stresemann (1878–1929), Anm. d. Hrsg.
52 Carl Schmitt, *Die Kernfrage des Völkerbundes*, Berlin: F. Dümmler 1926, 82 S., Anm. d. Hrsg.
53 Carl Schmitt, *Verfassungslehre*, München/Berlin: Duncker & Humblot 1928, Anm. d. Hrsg.
54 Ebd., § 29, III (Antinomien des Bundes), Anm. d. Hrsg.
55 Vgl. das Märchen »Rattenkönig Birlibi« von Ernst Moritz Arndt (1818), Anm. d. Hrsg.
56 Hegel, »Die Positivität der christlichen Religion«, in: *Hegels theologische Jugendschriften*, Tübingen: Mohr 1907, S. 223, Anm. d. Hrsg.
57 Emmanuel Joseph Sieyès, *Qu'est-ce que le tiers état?* 1789, Anm. d. Hrsg.
58 Georg Wilhelm Friedrich Hegel, *Theologische Jugendschriften*, Tübingen: Mohr 1907, S. 223, Anm. d. Hrsg.
59 Montesquieu, *Geist der Gesetze*, 3. Teil, IX. Buch, 2. Kap., Leipzig: Wigand 1843, S. 139 f., Anm. d. Hrsg.
60 Ebd., Fünfter Teil, XIII. Buch, 17. Kap., Leipzig: Wigand 1843, S. 81, Anm. d. Hrsg.

61　Ebd., 14. Kap., Berlin: Heimann 1870, S. 31, Anm. d. Hrsg.
62　Ebd., Dritter Teil, IX. Buch, 1. Kap., Leipzig: Wigand 1843, S. 137, Anm. d. Hrsg.
63　Ebd., Vierter Teil, X. Buch, 6. Kap., Leipzig: Wigand 1843, S. 14, Anm. d. Hrsg.
64　Ebd., Dritter Teil, IX. Buch, 1. Kap., Leipzig: Wigand 1843, S. 137, Anm. d. Hrsg.
65　Ebd., Dritter Teil, IX. Buch, 1. Kap., Leipzig: Wigand 1843, S. 139, Anm. d. Hrsg.
66　Ebd., Dritter Teil, IX. Buch, 1. Kap., Leipzig: Wigand 1843, S. 138, Anm. d. Hrsg.
67　Montesquieu, *Refléxions sur la monarchie universell en Europe*, 1727, Anm. d. Hrsg.
68　Niccolò Machiavelli, *Discorsi*, II. Buch, 2. Kap., S. 178, Anm. d. Hrsg.
69　Montesquieu, *Geist der Gesetze*, Dritter Teil, VIII. Buch, 16. Kap., Leipzig: Wigand 1843, S. 120, Anm. d. Hrsg.
70　Ebd., Zweiter Teil, V. Buch, 5. Kap., Leipzig: Wigand 1843, S. 75, Anm. d. Hrsg.
71　Ebd., Siebenter Teil, 20. Buch, Leipzig: Wigand 1843, S. 7], Anm. d. Hrsg.
72　Niccolò Machiavelli, *Discorsi*, III. Buch, 25. Kap., Stuttgart: Kröner 2007, S. 371, Anm. d. Hrsg.
73　Montesquieu, *Geist der Gesetze*, 2. Teil, III. Buch, 5. Kap., Leipzig: Wigand 1843, S. 9, Anm. d. Hrsg.
74　Niccolò Machiavelli, *Discorsi*, I. Buch, 4. Kap., Stuttgart: Kröner 2007, S. 18, Anm. d. Hrsg.
75　Niccolò Machiavelli, *Vom Staate*, Pkt. 4, München: Georg Müller 1925, S. 20, Anm. d. Hrsg.
76　Thukydides, *Geschichte des peloponnesischen* Krieges, München: Artemis & Winkler 1993, S. 237, Anm. d. Hrsg.

77 Ebd., S. 259 f., auch 307, Anm. d. Hrsg.
78 Montesquieu, *Geist der Gesetze,* III. Teil, 9. Buch, 1. Kap., S. 137, Anm. d. Hrsg.
79 Edmund Husserl, »Philosophie als strenge Wissenschaft«, in: *Logos* Bd. 1 (1911), H. 3, Anm. d. Hrsg.
80 Georg Wilhelm Friedrich Hegel, *Vorlesungen über die Geschichte der Philosophie*, Erster Bd., Leipzig: Reclam 1971, S. 281 ff., Anm. d. Hrsg.
81 Vgl. Nachwort, Pkt. IV,2, Anm. d. Hrsg.
82 Vgl. oben, S. xxx, Anm. d. Hrsg.
83 Georg Simmel, *Philosophie des Geldes* (1900), Anm. d. Hrsg.
84 In diesem Zusammenhang führt Gertrud Bäumer noch das Institut Jean Jacques Rousseau in Genf und in Italien die Schulgesetzgebung Gentilesan.
85 Erschienen in der Reihe *Zur Psychologie des metaphysischen Schaffens. Neue psychologische Studien*, Bd. 3, München: C. H. Beck 1928, S. 219–439.
86 Am 19. Mai 1928 in Frankfurt/M.
87 Fischers Habilitationsschrift vom Sommersemester 1926, gedruckt bei C. H. Beck in München 1928: *Hegels Methode in ihrer ideengeschichtlichen Notwendigkeit*, S. III–V.
88 Die Vierteljahreszeitschrift *Blätter für Deutsche Philosophie. Zeitschrift der Deutschen Philosophischen Gesellschaft*, hrsg. v. Hugo Fischer und Gunther Ipsen, Berlin: Junker & Dünnhaupt, Bd. 1 (1927) ff. – Hugo Fischer verließ die Redaktion der Zeitschrift im Herbst 1934, mit dem letzten Heft des 7. Bandes. Sein Nachfolger wurde Heinz Heimsoeth (1886–1975); mit dem Bd. 18 (1944) stellte sie ihr Erscheinen ein, Anm. d. Hrsg.

89 Otto Reichl Verlag, gegründet 1909 in St. Goar (Rhein), nach dem Ersten Weltkrieg in Darmstadt.
90 Max Scheler, *Die Stellung des Menschen im Kosmos,* Darmstadt: Otto Reichl 1928.
91 Hugo Fischer, *Nietzsche Apostata* oder Die Philosophie des Ärgernisses, Erfurt: K. Stenger 1931.
92 Alma, geb. Schildbach (*27. Juni 1898), sie hatten am 25. August 1925 in Leipzig geheiratet.
93 Walter Rathenau, *Von kommenden Dingen,* (1916), Werke, Berlin: S. Fischer 1918, S. 366.
94 Fischer erinnert an Thomas G. Masaryk, *Die Weltrevolution.* Erinnerungen und Betrachtungen 1914–1918, Berlin: Erich Reiss Verlag 1925.
95 Institut für experimentelle Psychologie der Universität Leipzig, 1879 von Wilhelm Wundt (1832–1920) gegründet, sein Nachfolger wurde 1917 Felix Krueger (1874–1946).
96 Vgl. Anm. 6 im 1. Brief Fischers an Masaryk.
97 Rede auf der 53. Versammlung deutscher Philologen und Schulmänner, Jena, 27. Sept. 1921, gedr.: Leipzig: Teubner 1922; zweite, erg. Aufl. Leipzig: Teubner 1925.
98 Walter Rathenau, *Von kommenden Dingen*, Berlin: Fischer 1918, S. 24, Anm. d. Hrsg.
99 Ebd., S. 56, Anm. d. Hrsg.
* Friedrich von Gentz, *Fragmente aus der neuesten Geschichte des Politischen Gleichgewichts in Europa,* St. Petersburg: Joh. Fr. Hartknoch 1806 (2. Aufl.), S. XLVI.
100 Karl v. Hase, *Reden an die Jünglinge der freien Hochschulen Deutschland* [1820], Leipzig: Breitkopf & Härtel 1891, Achte Rede: *Des Vaterlands Gegenwart und Hoffnung*, S. 93.

101 Friedrich von Gentz an Sr. Majestät den Kaiser, v. 9. Mai 1806, in: *Briefe politischen Inhalts von und an Friedrich v. Gentz*, hrsg. v. Clemens v. Klinkowström, Wien: Braumüller 1870, S. 10.

102 Reinhart Koselleck, *Zeitschichten. Studien zur Historik*, Frankfurt/M.: Suhrkamp 2000, S. 365.

103 August Wilhelm Rehberg, *Über den Code Napoléon und dessen Einführung in Deutschland*, Hannover: Gebr. Hahn 1814, S. 91. – Vgl. auch: Christoph Enders/Michael Kahlo/Andreas Mosbacher, *Europa nach Napoleon,* Münster: mentis 2018.

104 *Was darf von seinen Fürsten und Völkern Deutschland jetzt hoffen, Europa erwarten?* Deutschland 1814, S. 129. – Der (anonyme) Autor dieser Schrift war Dietrich v. Miltitz (1769–1853).

105 Friedrich Maximilian Klinger, *Geschichte eines Teutschen der neuesten Zeit*, Königsberg: Friedr. Nicolovius 1809, S. 153.

106 Karl Marx, *Zur Kritik der Hegelschen Rechtsphilosophie. Einleitung* [1843], MEW 1, S. 380.

107 Karl v. Hase, *Reden an die Jünglinge der freien Hochschulen Deutschland* [1820], Sechste Rede: *Von des Vaterlands Verfall*, S. 75.

108 Franz Rosenzweig, *Hegel und der Staat*, Bd. 1, München/Berlin: Oldenbourg 1920, S. 243. Und: »Bezeichnend ist ferner, daß Hegel ›polis‹ bei Aristoteles mit ›Volk‹ übersetzt.« (ebd.).

109 Franz Rosenzweig, *Hegel und der Staat*, Bd. 1, S. 133. Vgl. Hans Bernhard Schmid, *Some Scenes from the History oft he ›Volksgeist‹. Social Ontology in 19. Century German Nationalism,* in: Michael Hackl/Christian Danz, *Die Klassische Deutsche Philosophie und ihre Folgen,* Göttingen: Vienna University Press 2017, S. 111 ff.

110 Johann Wolfgang Goethe, *Xenien. Nr. 96*, Weimarer Ausgabe, Abt. I, Bd. 5.1, S. 218 und Friedrich Schiller, *Sämtliche Werke*. Säkularausgabe, Bd. 2, Stuttgart/Berlin. Cotta Verlag 1905, S. 103. – »Keine Nation hat den *Menschen* so sehr von der Nation ausgeschieden, die Erziehung des Menschen von der des Bürgers getrennt und die Geschichte der Menschheit so aufgefaßt, wie die deutsche.« (Friedrich August Carus, *Psychologie*, Bd. 2, Leipzig: Johann Ambros. Barth 1808, S. 147).
111 Friedrich Nietzsche, *Götzen-Dämmerung*, KSA 6, S. 151.
112 *Was darf von seinen Fürsten und Völkern Deutschland jetzt hoffen, Europa erwarten?* S. 92.
113 Hans-Dietrich Sander, *Der ghibellinische Kuß*, Neustadt an der Orla: Arnshaugk 2016, S. 53.
114 Alexander Graf Schenk von Stauffenberg, *Der Reichsgedanke Konstantins*, in: *Das Reich. Idee und Gestalt*, Festschrift f. Johannes Haller, Stuttgart: Cotta 1940, S. 80.
115 Benno von Wiese, *Die deutsche Tragödie von Lessing bis Hebbel*, Hamburg: Hoffmann und Campe 1958, S. 480.
116 *Was darf von seinen Fürsten und Völkern Deutschland jetzt hoffen, Europa erwarten?* S. 93.
117 Moses Hess, *Rom und Jerusalem*. Die letzte Nationalitätenfrage [1862], Wien & Jerusalem: R. Löwit 1935, S. 197 f. »Ihre Gescheutheit hindert die Juden«, so Nietzsche, »auf *unsere* Weise närrisch zu werden: zum Beispiel national.« (KSA 13, S. 532).
118 Novalis, *Die Christenheit oder Europa,* Schriften, Hist.-krit. Ausgabe, hrsg. v. Paul Kluckhohn u. Richard Samuel, Bd. 3, Stuttgart: Kohlhammer 1983, S. 514 [im Folgenden zit. als ›HKA, Bd., S.‹].

119 Friedrich Nietzsche, *Jenseits von Gut und Böse*, KSA 5, S. 121.
120 Novalis, *Schriften*, hrsg. v. Paul Kluckhohn u. Richard Samuel, Darmstadt: Wissenschaftliche Buchgesellschaft 1960, Bd. 1, S. 435.
121 Julius Petersen, *Die Wesensbestimmung der deutschen Romantik*, Leipzig: Quelle & Meyer 1926, S. 125 f.
122 Novalis, *Schriften*, Bd. 3, S. 509.
123 *Kaiser Friedrich der Zweite*, Trauerspiel v. Karl Immermann, Hamburg: Hoffmann und Campe 1828, S. 90 (im Folgenden Seitenzahl in Klammern).
124 Friedrich v. Raumer, *Geschichte der Hohenstaufen*, Bd. III, Leipzig: F. A. Brockhaus 1824, S. 424.
125 Benno v. Wiese, *Karl Immermann. Sein Werk und sein Leben*, Bad Homburg/Berlin/Zürich: Gehlen 1969, S. 74.
126 Th. C. van Stockum/J. van Dam, *Geschichte der deutschen Literatur*, Bd. 2, Groningen: J. B. Wolters 1954, S. 202.
127 Gerhard Schulz, *Novalis*, München: Beck 2011, S. 136.
128 Novalis, *Schriften*, Bd. 3, S. 513.
129 Werner Krauss, *Französische Aufklärung und deutsche Romantik* [1962], in: *Romantikforschung seit 1945*, hrsg. v. Klaus Peter, Königstein/Ts.: Athenäum/Hain 1980, S. 176.
130 Rodolfo Bottacchiari, *La rivoluzione romantica*, Roma 1943, S. 95 f. [»Novalis sucht im Mittelalter die geistige europäische Einheit, während dieser Bestrebungen hebt sich – und das ist sehr bedeutsam – das Bedauern hinsichtlich dessen auf, was man verloren hatte«].
131 Novalis, *Schriften*, Bd. 4, S. 237.

132 Friedrich Meinecke, *Weltbürgertum und Nationalstaat,* München/Berlin: Oldenbourg 1911, S. 133.
133 *Was darf von seinen Fürsten und Völkern Deutschland jetzt hoffen, Europa erwarten?,* S. 39.
134 Johann Gustav Droysen, *Historik,* hrsg. v. Rudolf Hübner, München: Oldenbourg 1971, S. 323.
135 Walter Dietze, *Junges Deutschland und deutsche Klassik,* Berlin: Rütten & Loening 1981 (4. Aufl.), S. 132.
136 *Briefwechsel zweier Deutscher,* hrsg. v. Paul A. Pfizer, Stuttgart/Tübingen: Cotta 1831, Anhang S. 301 ff. – Bemerkenswert ist auch seine europapolitische Vision von vor der Reichsgründung, der zufolge »Pfizer schon die föderative Einigung Deutschlands mit Schweden, Dänemark, der Schweiz, Holland und Belgien gefordert hat«. (Eugen Stamm, *Konstantin Frantz 1857–1866,* Stuttgart, Berlin/Leipzig: dva 1930, S. 48 f.).
137 Ricarda Huch, *Alte und neue Götter,* Berlin/Zürich: Deutsch-Schweizerische Verlagsanstalt 1930, S. 443.
138 Ebd., S. 443.
139 Wilhelm Waiblinger, *Kaiser Friedrich des Zweiten Sarg,* in: Wilhelm Waiblinger, *Werke,* ausgewählt u. hrsg. v. Paul Friedrich, Berlin: Dom-Verlag 1922, S. 268.
140 Ernst Kantorowicz, *Kaiser Friedrich der Zweite,* Düsseldorf/München: Küpper/Bondi 1973, Hauptband, S. 66.
141 Wilhelm Waiblinger, *Kaiser Friedrich des Zweiten Sarg,* S. 269.
142 G. W. F. Hegel, *Philosophie der Weltgeschichte,* 4. Bd. (Die Germanische Welt), hrsg. v. Georg Lasson, Leipzig: Meiner 1923, S. 837.

143 Wilhelm Waiblinger, *Die Tagebücher 1821–1826*, hrsg. v. Herbert Meyer, Stuttgart: Klett 1965, S. 317.

144 Werner Deetjen, *Immermanns ›Kaiser Friedrich der Zweite‹*, Diss. Universität Leipzig 1901, S. 4, 14–17.

145 Johann Peter Eckermann, *Gespräche mit Goethe* [Eintrag v. 15. Okt. 1825], hrsg. v. Fritz Bergemann, Leipzig: Insel 1968, S. 146.

146 Friedrich Oswald [= Friedrich Engels], *Bei Immermanns Tod*, MEW, Ergänzungsband II, Berlin: Dietz 1967, S. 97.

147 Th. C. van Stockum/J. van Dam, *Geschichte der deutschen Literatur*, Bd. 2, S. 202.

148 Wilhelm v. Kügelgen an Bruder Gerhard, v. 9. Jan. 1847, in: Wilhelm v. Kügelgen, *Bürgerleben. Briefe an den Bruder Gerhard 1840–1867*, München: Beck 1990, S. 287.

149 Julius Bab, *Fortinbras oder Der Kampf des 19. Jahrhunderts mit dem Geist der Romantik*, Berlin: Bondi 1914, S. 70.

150 Friedrich Hebbel, *Tagebücher* [Eintrag vom 16. April 1851], hrsg. v. Richard Maria Werner, 3. Bd. (1845–1854), Berlin: B. Behr's 1905, S. 394.

151 Friedrich Hebbel, *Tagebücher* [Eintrag v. 12. Juli 1843], 2. Bd. (1840–1844), S. 255.

152 Benno v. Wiese, *Karl Immermann. Sein Werk und sein Leben*, Bad Homburg/Berlin/Zürich: Gehlen 1969, S. 73.

153 Karl Immermann, *Kaiser Friedrich der Zweite. Trauerspiel in fünf Aufzügen*, Hamburg: Hoffmann u. Campe 1828, S. 27, 31, 29, 18 u. 69.

154 Friedrich Schiller, *Wilhelm Tell*, Vers 807/808, Säkular-Ausgabe, Bd. 7, Stuttgart/Berlin: Cotta 1905, S. 164.

155 Karl Wolfskehl, *An die Deutschen* [1934], in: *Karl Wolfskehl*, Heidelberg/Darmstadt: Lambert Schneider 1955, S. 5.
156 Benno v. Wiese, *Karl Immermann*, S. 75.
157 Karl Immermann, *Kaiser Friedrich der Zweite*, S. 35.
158 Leopold v. Ranke, *Männer der Weltgeschichte*, hrsg. v. Kurt Jagow, Erster Teil, Leipzig: Insel 1919, S. 31.
159 G. W. F. Hegel, *Philosophie der Weltgeschichte*, 4. Bd., Leipzig: Meiner 1921, S. 862.
160 Karl Immermann, *Kaiser Friedrich der Zweite*, S. 93.
161 Friedrich Ostwald, *Immermanns ›Memorabilien‹*, in: MEW, Ergänzungsband II, Berlin: Dietz 1967, S. 142.
162 Ebd., S. 143.
163 Ebd., S. 146.
164 Herr v. Eckstein an Friedrich Raumer, v. 12. Sept. 1848, in: Friedrich Raumer, *Literarischer Nachlaß*, 2. Bd., Berlin: Mittler & Sohn 1869, S. 202.
165 Ricarda Huch, *Alte und neue Götter*, S. 437.
166 Ferdinand Gregorovius, *Europa und die Revolution. Leitartikel 1848–1850,* hrsg. v. Dominik Fugger u. Karsten Lorek, München: Beck 2017, S. 182.
167 Friedrich Hebbel, *Tagebücher* [Eintrag v. 31. Dez. 1848], hrsg. v. Richard Maria Werner, 3. Bd. (1845–1854), S. 318. Preußen müsse, so Droysen (1845) mit einem pränietzscheanischen Duktus, sowohl in dem deutschen Namen *aufgehen* als auch im deutschen Namen *untergehen* (vgl. Friedrich Meinecke, *Weltbürgertum und Nationalstaat*, S. 353).
168 Helmut Scheible, *Reich, Romantik und Rätesystem*, in: Frankfurter Allgemeine Zeitung, Dienstag, 24. 12. 2013, Nr. 299, S. N 4.

169 Hugo Fischer, *Lenin der Machiavell des Ostens,* hrsg. v. Steffen Dietzsch u. Manfred Lauermann, Berlin: Matthes & Seitz Berlin 2018, S. 48.

170 Friedrich Maximilian Klinger, *Geschichte eines Teutschen der neuesten Zeit*, S. 284.

171 Adam Müller, *Vorlesung über deutsche Wissenschaft und Literatur* [1806], in: Kritische, ästhetische und philosophische Schriften, Bd. 1, hrsg. v. Werner Siebert, Neuwied/Berlin: Luchterhand 1967, S. 27.

172 Hugo Fischer, *Nietzsche Apostata oder die Philosophie des Ärgernisses,* Erfurt: Stegner 1931, S. 257.

173 Friedrich Nietzsche, *Nachlass,* KSA 11, S. 583 f. Vgl. hierzu neuerdings: Andrea Benedetti, »Politica«, »metafisica«, »lavoro« e »modernità«: un confronto tra *Der Arbeiter* (1932) di Ernst Jünger e *Lenin, der Machiavell des Ostens* (1933) di Hugo Fischer alla luce del nietzschiano »Wille zur Macht«, in: Nietzsche nella Rivoluzione conservatrice, a cura F. Cattaneo, C. Gentilli u. St. Marino, Genua 2015, S. 122–145.

174 Friedrich Nietzsche, *Menschliches, Allzumenschliches,* KSA 2, S. 309.

175 »Der Sokratismus unsrer Zeit ist der Glaube an das Fertigsein (…)«. KSA 7, S. 13.

176 Friedrich Gundolf, *Wesen und Beziehung* [1911], Beiträge zur Literatur- und Geisteswissenschaft, hrsg. v. Victor A. Schmitz u. Fritz Martini, Heidelberg: Schneider 1980, S. 172 [Kleinschreibung v. Vf.].

177 Johann Wolfgang Goethe, *Maximen und Reflexionen über Literatur und Ethik,* Weimarer Ausgabe, II. Abt., Bd. 42, Weimar: Böhlau 1907, S. 234.

178 Friedrich Georg Jünger, *Der Mohn,* Berlin: Widerstands-Verlag 1934, S. 61.

179 Paul Mongré, ›Sant Ilario‹. Gedanken aus der Landschaft Zarathustras, Leipzig: C. G. Naumann 1897, S. 27.
180 Friedrich Nietzsche, *Ecce homo*, KSA 6, S. 288.
181 Ernst Hoffmann, *Die philosophischen Erzieher Deutschlands im 19. Jahrhundert, Festschrift für Karl Joël. Zum 70. Geburtstag (27. März 1934)*, Basel: Helbing & Lichtenhahn 1934, S. 155 f.
182 Friedrich Nietzsche an Heinrich Köselitz, 20. Juni 1888, KSB 8, S. 338.
183 Thomas Mann, »*Ansprache zu Heinrich Manns 70. Geburtstag* [1941], in: Thomas Mann/Heinrich Mann: Briefwechsel 1900–1949, hrsg. v. Ulrich Dietzel, Berlin/Weimar: Aufbau 1977, S. 330.
184 Friedrich Nietzsche, KSA 6, S. 415.
185 Friedrich Nietzsche an Heinrich Köselitz, 13. März 1881, KSB 6, S. 68.
186 Vgl. Emanuel Geibel, *Von Deutschlands Beruf* (1861).
187 »*Der Mensch bleibt Adam*«. Alexander Pschera im Gespräch mit Martin Mosebach, in: Cicero [Berlin], H. 10/2016, S. 109.
188 Ebd., S. 109.
189 Johann Wolfgang Goethe, *Sprichwörtlich* [1814], Weimarer Ausgabe, I. Abt., Bd. 2, Weimar: Böhlau 1888, S. 246.
190 Friedrich Nietzsche, *Götzen-Dämmerung*, KSA 6, S. 106.
191 Friedrich Nietzsche, *Nachlass*, KSA 8, S. 297.
192 Fritz Strich, *Deutsche Klassik und Romantik*, München: Meyer & Jesse 1928, S. 398.
193 José Ortega y Gasset, *Der Aufstand der Massen*, Gesammelte Werke, Bd. III, Stuttgart: dtv 1978, S. 147.

194 Ernst Jünger, *Das abenteuerliche Herz, Erste Fassung* [1929], Stuttgart: Klett-Cotta 1987, S. 115.
195 Stefan Zweig, *Triumph und Tragik des Erasmus von Rotterdam*, Wien: Herbert Reichner Verlag 1935, S. 228 f.
196 Ernst Jünger, *Das abenteuerliche Herz, Erste Fassung* [1929], Stuttgart: Klett-Cotta 1987, S. 114.
197 Hugo Fischer, *Nietzsche Apostata*, S. 87.
198 Johannes Schlaf, *Unser westeuropäisches Schisma*, Leipzig: Felix Eckardt 1908, S. 18 f.
199 Friedrich Nietzsche, *Menschliches, Allzumenschliches*, KSA 2, S. 511 f.
200 Tóibin, Colm: *Interview*, in: Neue Zürcher Zeitung, v. 20. 10. 2016, S. 21.
201 Hugo Fischer, *Der Egopunkt*. Autobiographische Diversimenti, unpubl. Ms., Ohlstadt/OB 1971, in: Bayerische Staatsbibliothek, Abt. Handschriften & Alte Drucke, Nachl. Hugo Fischer, BSB Ans 420, I, Bl. 68.
202 Vgl. Die Aufsätze von Beneš's Mitarbeiter Hubert Ripka (1895–1958) über eine Konföderation mit Polen (z. B. Ripka 1941), legen es nahe, dass sogar Edvard Beneš (1884–1948) sich in der ersten Phase seiner Verbannung einige Zeit mit politischen Möglichkeiten dieses Konzepts beschäftigte, doch am Ende hat er sich leider zu einer prosowjetischen Lösung entschieden.
203 Friedrich Nietzsche, *Nachlass*, KSA 11, S. 376.
204 Hugo Fischer, *Der Egopunkt*. Autobiographische Diversimenti, unpubl. Ms., Ohlstadt/OB 1971, BSB, Hugo Fischer Nachlass, a. a. O., Bl. 68.
205 Martin Buber, *Nationalismus*, in: ders., *Zion als Ziel und als Aufgabe*, Berlin: Schocken 1936, S. 83.
206 Jaroslaw Iwaszkiewicz, *Europäische Erinnerungen*, in: Sinn und Form 63 (2011), H. 1, S. 18.

207 Thomas Mann, *Antwort*, in: *Das Tage-Buch* [Berlin], vom 5. Dezember 1931, S. 1897.
208 Hugo Fischer, *Nietzsche Apostata*, S. 264.
209 Erwein Freiherr v. Aretin, *Die Staatsform der Deutschen*, in: Süddeutsche Monatshefte, 26 (1929), H. 6, S. 458.
210 In: Das Forum, hrsg. v. Wilhelm Herzog, Jg. 1 (1915), H. 12, S. 632–638.
211 Franz Marc, Brief an seine Frau Maria, v. 23. XI. 1914, in: Franz Marc, *Briefe, Aufzeichnungen, Aphorismen*, hrsg. v. Günther Meißner, Leipzig/Weimar: Kiepenheuer 1980, S. 33.
212 Sein Wahlspruch ist im Sockel seines Denkmals eingeprägt: *Krieg führen heißt angreifen*.
213 Louis Aragon, *Pariser Landleben* [1926], München: Rogner & Bernhard 1969, S. 29.
214 *Tagebuch der Zeit* [Leitartikel], in: Das Tage-Buch [Berlin], 3 (1922), H. 6, v. 11. 2. 1922, S. 202.
215 Der Satz von Mangin stammt aus seinem Buch *Force noir* [1910]. Vgl. auch Wolf Lepenies, *Die Macht am Mittelmeer*, München: Hanser 2016, S. 245 f.
216 Vgl. Alexandre Kojève, *L'Empire latin. Esquisse d'une doctrine de la politique français* [Aug. 1945], erstmals veröffentlicht in: La Régle du jeu [Paris], 1 (1990), H. 1 (Mai-Heft), S. 89 ff.
217 Stefan Zweig, *Die Welt von Gestern. Erinnerungen eines Europäers*, Stockholm: Beermann-Fischer 1944, S. 132.
218 Wolfgang Windelband, *Der Nationalismus in der französischen Geschichtsschreibung seit 1871*, in: *Der Nationalismus im Leben der dritten Republik*, hrsg. v. Joachim Kühn, mit Geleitwort des Botschafters Wilhelm Eduard Freiherr v. Schoen, Berlin: Gebrüder Paetel 1920, S. 225.

219 Friedrich Nietzsche, *Jenseits von Gut und Böse,* KSA 5, S. 201.
220 Hugo Fischer an Elisabeth Förster-Nietzsche, v. 11. Januar 1934, in: Nietzsche-Nachlass im Goethe-Schiller-Archiv [Weimar], Sign.: GSA 72/BW 1354.
221 Zit. bei Klaus Breuning, *Die Vision des Reiches,* München: Max Hueber 1969, S. 62.
222 Hugo Fischer an Elisabeth Förster-Nietzsche, v. 8. Sept. 1934, in: GSA 72/BW 1354.
223 Hugo Fischer, *Nietzsche Apostata,* S. 117.
224 Tomáš G. Masaryk, *Die Weltrevolution. Erinnerungen und Betrachtungen 1914–1918,* Berlin: Erich Reiss Verlag 1925, S. 376.
225 Tomáš G. Masaryk, *Die Weltrevolution,* S. 455.

Erste Auflage Berlin 2019
Copyright © 2019
MSB Matthes & Seitz Berlin Verlagsgesellschaft mbH
Göhrener Str. 7 | 10437 Berlin
info@matthes-seitz-berlin.de
Alle Rechte vorbehalten.
Satz: Monika Grucza, Berlin
Druck und Bindung: Art Druk, Szczecin
Umschlaggestaltung nach einer Idee von Pierre Faucheux
ISBN 978-3-95757-714-6
www.matthes-seitz-berlin.de